北京联合大学艺术学院学术著作出版资金资助
北京学研究基地开放课题研究成果

叉飞路开
北京新善吉庆开路老会传承与保护

姜芷若　王君卓　编著

中国轻工业出版社

图书在版编目（CIP）数据

叉飞路开：北京新善吉庆开路老会传承与保护 / 姜芷若，王君卓编著. — 北京：中国轻工业出版社，2023.6

ISBN 978-7-5184-4290-4

Ⅰ.①叉… Ⅱ.①姜… ②王… Ⅲ.①器械术（武术）—中国 Ⅳ.① G852.29

中国国家版本馆 CIP 数据核字（2023）第 098461 号

责任编辑：徐　琪
文字编辑：梁若水　　　责任终审：李建华　　　整体设计：锋尚设计
策划编辑：毛旭林　　　责任校对：吴大朋　　　责任监印：张　可

出版发行：中国轻工业出版社（北京鲁谷东街5号，邮编：100040）
印　　刷：艺堂印刷（天津）有限公司
经　　销：各地新华书店
版　　次：2023年6月第1版第1次印刷
开　　本：710×1000　1/16　印张：12.5
字　　数：250千字
书　　号：ISBN 978-7-5184-4290-4　定价：69.80元
邮购电话：010-85119873
发行电话：010-85119832　010-85119912
网　　址：http://www.chlip.com.cn
Email：club@chlip.com.cn
如发现图书残缺请与我社邮购联系调换
211550W3X101ZBW

前言

"人事有代谢，往来成古今。江山留胜迹，我辈复登临。"在五千年源远流长的历史长河中，一代代中华儿女用勤劳和智慧在美丽富饶的中华大地上为我们留下蜿蜒万里的长城、绚丽辉煌的故宫等宝贵的历史遗迹，也为我们留下了无数璀璨的非物质文化遗产。它们既展示了中华民族的悠久文化，也彰显出中华子孙的聪明才智和精神品质。然而，历史不仅仅书写在这些辉煌的民族记忆之中，也记录在百姓独特的生活习俗之中。在建设社会主义文化强国目标的指引下，我们越来越珍视祖辈留给我们的文化根脉，保护与传承非物质文化遗产也越来越受到人们的重视。近年来，许多几乎消失的传统民俗活动又重新走入百姓的生活之中，成为大众喜闻乐见的文化娱乐活动。

北京是一座有着三千多年历史的古城，也是我国政治和文化的中心。旧时的北京城民俗文化活动盛行，"开路打先锋，五虎紧跟行。门前摆设侠客木，中幡抖威风。狮子蹲门分左右，双石门下行。石锁把门挡，杠子把门横。花坛盛美酒，吵子响连声。杠箱来进贡，天平称一称。神胆来蹲底，幡鼓齐动享太平"。这是一首在老北京广为流传的歌谣，说的是当年在民间庙会上盛行的十三档花会表演，被称为"幡鼓齐动十三档"。每逢庙会，这些花会的表演都会让百姓大饱眼福，成为许多人心里美好的回忆。这些自发组织起来的民间花会不仅引起了观众的热切关注，也受到一些专家学者的重视，成为他们挖掘民俗文化、思考社会发展的一个特殊的窗口。

这十三档花会中的头一档，就是本书所介绍的飞叉。作为一项传统的杂技项目，飞叉距今已有上千年历史，它以叉为主要道具，通过舞动叉展现高超技艺，是有一定套路和规范的表演形式。飞叉表演孔武有力、刚柔并济、惊险刺激、引人入胜，在庙会等演出中深受百姓的喜爱。然而随着科技的发展和人们生活方式的改变，飞叉和其他许多民间技艺离我们的现实生活越来越远。"三路居新善吉庆开路老会"（以下文中简称"三路居开路会"）是现今北京较有代表性的一档开路会，它成立于1946年，至今传承有序。他们的传人技艺精湛，而且注重飞叉技艺的发展与创新，特别是那份对飞叉的热爱和坚守，更让人感动和敬佩。

带着对三路居开路会传人的敬意，笔者围绕着"飞叉如何在当今社会存活、如何融入当代人的生活"等问题，对飞叉这项非物质文化遗产进行了系统研究，并完成了本书的编写。本书分为上下两篇。上篇从宏观的视角向读者介绍飞叉和开路会。首先从人们身边各种各样的叉谈起，接下来讨论了飞叉的起源、艺术特点及功能，进而介绍开路会这一独具特色的民间花会组织，并梳理了全国各地开路会的情况，最后从非物质文化遗产的视角出发，对飞叉的保护和传承进行了思考。下篇重点从三路居开路会个体出发，通过开路会、传人这两条线索，对其发展的脉络进行梳理，使读者感受到社会变迁对这项非物质文化遗产的影响；接下来从规章制度、文场曲谱、武场动作三个方面对三路居开路会的飞叉技艺进行了系统、全面的记录，阐述了其发展现状。

  在本书的编写过程中，笔者力求内容真实可靠，通过多次走访飞叉传人，并结合文献资料研究，对相关情况进行了逐一核实。并且还对飞叉的动作、道具等进行了较为系统、全面的拍摄，希望可以"原汁原味"地反映三路居开路会产生、发展的全过程以及当前的传承情况。本书图文并茂，通俗易懂，将知识性、艺术性融入字里行间，希望能为广大飞叉爱好者、民俗文化爱好者以及非物质文化遗产研究者提供有益的参考。

上篇

第一章　探源：无处不在的叉 1

　　一、有趣的叉字 2
　　二、我们身边的叉 4

第二章　飞叉：古老而传奇的技艺 9

　　一、什么是飞叉 10
　　二、飞叉的起源 11
　　三、飞叉的艺术特点 14
　　四、飞叉的功能 15
　　五、飞叉的代表人物 17

第三章　开路：独具魅力的花会组织 21

　　一、庙会与花会 22
　　二、庙会里的飞叉表演 26
　　三、开路会 27
　　四、北京地区开路会的情况 29
　　五、国内其他地区的飞叉花会及飞叉流派 33

第四章　非遗：开路会的保护与传承 37

　　一、何为非物质文化遗产 38

二、飞叉保护的现状及困境 41
　　三、关于保护飞叉的思考 44
　　四、关于传承飞叉的思考 46

下篇

第五章　寻根：三路居村和妙峰山庙会 51
　　一、三路居村简介 52
　　二、妙峰山庙会 56
　　三、关于妙峰山的民俗学研究 59

第六章　传承：三路居开路会的来龙去脉 61
　　一、初建 62
　　二、重整 65
　　三、发展 68

第七章　赓续：老中青三代传人的故事 79
　　一、第一代传人 80
　　二、第二代传人 88
　　三、第三代传人 95

第八章　规矩：三路居开路会的规章制度 103
　　一、传承特点 104
　　二、组织结构 105
　　三、规章制度 106
　　四、行香走会的传统 109

第九章　文场：三路居开路会的伴奏 113

　　一、文场的常用乐器 114
　　二、文场的乐器编制 115
　　三、文场的基本节奏 116

第十章　武场：三路居开路会的飞叉动作 121

　　一、旋转滚动类动作 123
　　二、抡转类动作 139
　　三、翻转类动作 147
　　四、双头叉动作 153
　　五、双人叉动作 157

附录1：三路居新善吉庆开路老会大事记 165

附录2：三路居新善吉庆开路老会成员名录 169

附录3：关于学练飞叉的一点体会 171

参考文献 187

后记 188

上篇

第一章

探源：无处不在的叉

社会在发展，人类在进步，很多我们熟悉的事物都在发生变化。叉是与我们日常生活息息相关的一件物品，从人类开始使用工具起就伴随着我们不断发展；叉又是一个我们熟悉的动作，每天我们有意无意地都会叉手、叉腰。然而，勤劳勇敢又充满智慧的中华儿女，不仅仅把叉用在劳作上，也把它发展成一项可以休闲娱乐、强健体魄的杂技项目——飞叉。这是中华民族所特有的一项民俗杂技项目，源于百姓生活，是劳动人民的智慧结晶，反映了勤劳淳朴的中华儿女的生活情趣。为了更加深刻地了解飞叉技艺，我们先从认识叉开始。

一、有趣的叉字

叉字有着古老的历史，更有着丰富的释义。特别的是它有四个不同的声调，分别表示不同的意思。

1. 叉的字形演变

叉是一个简单而古老的汉字，一个指事字，最早可见于商代的甲骨文。在甲骨文中，叉是在表示手的形状的又字周边加上若干个点，有些甲骨文的叉字也将这些点简化为两个。随着文字的演变，叉字也发生一些微小的变化。在金文中，叉字的字形与甲骨文相似，只是将叉字所包含的若干个点省略成一点，看起来和现代汉字的区别已经不大了。后来的篆书，继承了叉字的金文字形，只是将点演变成了一条短横。再后来的隶书，就逐渐演变成了我们所认识的叉字。（图1-1-1）

2. 叉的古文释义

对于甲骨文中叉字的字义，有的人认为，这表示张开手指插入一堆碎物之中，有夹取东西的意思；还有的人理解为表示手指间交错的地方。在清代陈昌治刻本的《说文解字》中，叉字在《卷三》，又部，其释义为"手指相错也。

甲骨文　　　　　金文　　　　　篆文

图1-1-1　叉字的演化（姜桂海手书）

从又，象叉之形。"这里解释叉字的意思是，手指相交错，其字形采用了"又"作为字根。在《康熙字典》中，叉字排在又字部的第二字。除了收录了《说文解字》中的字义，《康熙字典》还记录了其他三本古代字书、韵书中的释义，分别是《玉篇》的释义"指相交也"，指手指相交；《增韵》的释义为"俗呼拱手曰叉手"，是指古人行礼的一种方式；《正韵》记载"妇人岐笄，同钗"，这里叉字的读音和字义与"钗"字相同，表示古代女子用以固定和装饰头发的一种簪子。除了这三种释义以外，《康熙字典》还记录了三篇古代文学作品中出现的叉字，分别表示叉手礼和传说中的一种鬼怪。柳宗元的《同刘二十八院长述旧言怀感时书事奉寄澧州》写道"入郡腰恒折，逢人手尽叉"，形象地记录了古人见面时的礼仪。唐代段成式创作的笔记小说集《酉阳杂俎》中讲述了"苏都识匿国有夜叉城，城旧有野叉，其窟见在"；《唐书·酷吏传》记录了"监察御史李全交酷虐，号鬼面夜叉"。这里的野叉、夜叉都是来自梵文的译音，指的是佛经中的恶鬼。

3. 叉的现代解释

《现代汉语词典》中的叉字，归属于又字部，虽然笔画只有3笔，但却有4个读音，分别是chā、chá、chǎ、chà（表1-1-1）。叉字的词性包括动词、名词、形容词三种，共有5种释义。当叉字读阴平chā时，有名词、动词两种词性，共有3种释义。在作为名词时，叉是指一端有两个以上的长齿而另一端有柄的器具，例词有叉子、钢叉；或者指一种表示错误或者作废事物的符号，例词有叉号、打叉。在作动词时，叉表示用叉取东西，例词有叉鱼。当读阳平chá时，作为方言中的一种动词，表示挡住、卡住的意思，例句如：人群叉住了。读上声chǎ时，为动词，表示分开成叉形，例如：叉着腿。读去声chà时，多数是和其他字在一起组成词，表示分岔的意思。例如：排叉（一种食品）、劈叉。

"一位拿着钢叉（chā）的小青年，叉（chǎ）着腿站在马路中间吃着排叉（chà），结果路上的车都被叉（chá）住了"。我们可以在这个句子中，形象地感受到"叉"字在汉语中的多种读音和丰富字义。这也从侧面证明了叉字，不论是作为器具，还是作为动作，都经常出现在我们的生活中。

表1-1-1 叉的读音释义表

读音	释义
chā	1. 叉子，一端有两个以上长齿而另一端有柄，用以刺取物体的器具：鱼叉、钢叉 2. 用叉子刺取：叉鱼 3. 像叉的形状，也指叉形符号：交叉、打叉号

续表

读音	释义
chá	堵住，卡住：路口叉住了
chǎ	分开：叉着腿
chà	两腿分开成一字形落地，是戏曲、杂技、体操、武术等的一种动作：劈叉

二、我们身边的叉

叉是人类生活中常见的一种工具，有着悠久而古老的历史，它方便了我们的劳作，也在人类发展的过程中不断演进。从远古时期到当今社会，各种各样的叉在我们的日常生活中随处可见。例如，在餐桌上，我们可以用到餐叉；劳动的时候，我们可以用到猎叉、鱼叉；在战场上有钢叉。虽然叉的用途多样、大小不一、材质各异，但是每一种叉都好像是人类手指的延伸，在创造和改造世界的过程中，发挥着重要的作用。

随着生产力水平的提高，叉的用途也更加多种多样，有许多不同的分类方法。按照材质，分为骨制、木制、铜制、铁制、钢制以及各种合金材质；按叉尖的数量，分为独股叉、两股叉、三股叉、四股叉和五股叉；按照功能，分为餐叉、禾叉、火叉、猎叉、飞叉、鱼叉等；按形状，分为牛角叉、龙须叉、羊角叉、笔架叉、抱头钢叉等。总结起来，纷繁多样的叉都具有以下两个特点：一是具有两个以上的长齿，方便取拾物品；二是具有一个长柄，方便握持。接下来，就让我们按照不同的功能和用途，来了解一下各种各样的叉。

1. 餐桌上的叉

用火烹饪食物，是人类文明史上的一个重要节点。有了火，人类无法直接用手取拾滚烫的食物。于是各种各样辅助取食的工具走进了我们的生活，逐渐发展成了丰富多彩的餐饮文化。直接用手指抓食的人群，主要分布在非洲、中东、印度尼西亚及印度次大陆；使用叉子的人群，主要分布在欧洲和北美洲；而使用筷子的人群主要分布在东亚。

虽然，每当我们提起餐叉，总会联想起欧美餐桌礼仪。但是，餐叉和筷子一样，都是早期中华大地上广泛使用的餐具之一。有的学者认为，西方人广泛使用餐叉进食，是从公元10世纪的拜占庭帝国开始。到了11世纪，餐叉开始出现在意大利人的餐桌上。到了18世纪，餐叉逐渐成为法国贵族偏爱的用餐工具。渐渐地，餐叉也开始成为享用西方餐食过程中必不可少的标配。

回望历史，餐叉最早在中国人的餐桌上，可以追溯到新石器时代。20世纪90年代中期，在青海省同德县西北的宗日遗址出土了一件距今5000多年的骨叉，它长约26.4厘米，由动物肢骨切割磨制而成，前段有三个齿，尾部被雕刻成了皇冠状。其形状、大小，都与我们今天所使用的餐叉非常接近。这件骨叉的惊艳设计和精巧做工令人赞叹不已。然而，这件精美的餐叉绝不是偶然出现在中华餐饮文化中，在甘肃武威市的皇娘娘台齐家文化遗址、青海乐都区的柳湾遗址等地也都曾出土过骨质三齿餐叉。到了商周以后，餐叉仍然是中国人经常使用的餐具，其材质也从骨制发展成了青铜、铁、金等金属材料，形状也出现了二齿叉等多种样式。虽然，随着历史的发展和民俗的演化，叉没有像筷子一样成为中国人日常使用的餐具，但它仍然在中式餐具中有着悠久的历史和重要的地位。

2. 劳动中的叉

叉是人类经常用到的一种生产工具，其历史非常悠久，甚至可以追溯到人类出现的早期。叉上面分岔的齿，有些形似人类的手指，主要用于叉取物品。据古籍记载，远古人们打猎捕鱼，大多用叉。有学者认为，最初的叉是以渔猎工具出现的。远古时期，由于人类的生产条件相对简陋，所制造的工具很难对付凶猛的走兽和灵巧的飞禽。因此，捕鱼成了古人的明智之选。这样的客观事实，为叉的诞生提供了前提条件。鱼叉的齿也慢慢发展成了两股以上，能够扩大横截面积，有效提高捕鱼的命中率。1953年，在陕西省西安市浐河东岸发现了半坡遗址，它属于新石器时代黄河中游地区的仰韶文化，是中国北方农耕文化的典型代表。在半坡遗址出土了大量的陶器、石器、骨器，其中包括了21枚骨制鱼叉。这些骨鱼叉有一根精致而锋利的主刺，两侧的倒刺如同一对张开的翅膀，既实用又美观。有的骨叉尾端带有结节，可以系缚绳索，在掷出叉后方便其收回。1972年，在黑龙江省密山县兴凯湖畔，红山文化的新开流遗址也出土了若干骨制鱼叉。这些鱼叉的出土，说明早在6000多年前，叉就已经成为华夏先祖所熟练使用的一种捕猎工具。

随着生产力的提升，金属制的叉也出现在中华历史的长河中。1990年，在武汉市东郊长江北岸的阳逻香炉山遗址北区，出土了一大批西周时期的生产、生活用品，其中就包括了多把铜叉。它可以直接戳刺猎物，也可以远距离投掷使用。1982年，在江苏丹徒大港母子墩西周墓中出土了西周青铜叉，这是一件具有3000多年历史的带镈（读zūn，是指叉柄下端的圆锥形金属套）双股铜叉，造型相对圆润，没有锋利的刃和尖锐的刺，因此看起来更像是仪仗用品。

我们也可以在许多文学作品中看到猎叉的身影。在《水浒传》中，武松打死老虎下山之时，把身着虎皮手持五股叉的两名猎户误认为是老虎，接着又遇到了十几名手持钢叉、踏弩、刀枪的村夫。《少年闰土》节选自鲁迅先生在1921年创作的一篇短篇小说《故乡》，在这篇文章中，三次提到了叉。"深蓝的天空中挂着一轮金黄的圆月，下面是海边的沙地，都种着一望无际的碧绿的西瓜。其间有一个十一二岁的少年，项带银圈，手捏一柄钢叉，向一匹猹用力地刺去"。月夜里闰土手持钢叉看护瓜地时机警的样子深深印入了我们的脑海。这一句话，既交代了叉的用途——打猎，也说明了叉的材质——钢制。在后文中闰土又说道"你听，啦啦地响了，猹在咬瓜了。你便捏了胡叉，轻轻地走去……""有胡叉呢。走到了，看见猹了，你便刺。"这里所提到的胡叉与前文中钢叉，应该是同样的叉，但是字眼却发生了变化。这个不太起眼的变化，却交代了叉的历史渊源。"胡"在我国古代泛指北方、西部地区的各民族，例如唐代诗人王昌龄在《出塞》中写道"但使龙城飞将在，不教胡马度阴山"；宋代名将岳飞在《满江红》中写道"壮志饥餐胡虏肉，笑谈渴饮匈奴血"。与胡桃、胡萝卜、胡椒等词一样，胡叉是北方和西部等地区经常使用的一种工具。

在农业生产中，我们也可以看到叉的身影。禾叉，作为一种单一用途的农具，一般都是收割庄稼的时候才能派上用场。在没有农业机械参与收割的时候，刚收割完的农作物被打成捆，搬运它们的最好选择便是禾叉。它可以不破坏农作物，轻松穿入成捆作物的间隙，叉头的根部可以卡住农作物的茎部，长长的叉杆有助于搬运者发力。虽然农业机械迅速发展，许多禾叉已经被束之高阁，但是作为一件农具，它仍然时不时发挥着自己的余热。

3．战场上的叉

我们相信叉的出现，一定不是为了战争，但不论是餐叉还是猎叉，都具有比较尖锐的齿，并且作为常用的工具会经常存放在身边，于是在遇到紧急情况的时候，叉就很容易成为一件随手可得的"家伙事儿"，可以用来防身或者进行攻击。在冷兵器时代，农民是军队的主要成员，因此叉等生产工具也演变为战场上的武器。在中国武器史的悠久长河中，叉是一件非常有名的冷兵器，"刀枪剑戟，斧钺钩叉……"，叉位列"十八般兵器"的第8位。它既可以作为搏杀的兵器，也可以成为投掷的武器。

在一些古典文学名著中，有对叉的描写。《水浒传》中，两头蛇解珍、双尾蝎解宝二位梁山好汉擅长使用钢叉。他们出身猎户家庭，因此他们的武器也就是平时打猎所用的双股猎叉。《三国演义》七擒孟获的章节中，乌戈国国主兀突骨的"藤甲军"不仅刀枪不入，而且"皆使利刀钢叉"。《西游记》女儿国的故事里，蝎子精貌美如花，修行多年，武艺高强，善使一柄三股钢叉，她与孙悟空、猪八戒大战多时，不分胜负。这些名著中所描述的叉，都指的是一种长柄的刺击兵器，被称为钢叉，在南方也被称为"钯""镗钯"。它是一种攻防兼备的武器，攻如猛虎，守如泰山。从其结构上看，一般由叉头、叉杆、叉鐏三部分组成。叉头多为钢制，并有多个尖锐的叉齿，有两股叉齿的称为牛角叉，三股的叫三头叉、三角叉，叉头的作用是直接刺伤敌人，此外在拦架对方兵器时，也可以通过反转卡住对手的兵器。有的叉头上还带有钢环，可以发出响声来扰乱敌人。叉杆一般为木制或铁制，其长度相当于人体直立、手臂伸直向上的高度，约2米，重量约为3千克。其主要作用在于握持，同时也可以抵挡对方兵器。叉镈在叉杆的尾端，一般都有圆球形瓜锤或圆锥形的金属套，一来起到平衡的作用，二来也可以辅助攻击。

《隋书》中有记载："己丑，制民间铁叉搭钩刃之类，皆禁绝之。"这说明早在隋朝的时候，铁叉已被广泛运用成为作战的武器，因此被禁止民用。明朝时期，杰出的军事家、民族英雄戚继光，在带领戚家军抗倭时就充分利用叉可以克制刀剑的特性，使叉钯成为戚家军及其各路抗倭民兵手中的杀敌利器。叉钯作为武器简单易学，并且在近距离的作战中可以有效地格挡敌人的兵器。关于训练方法，戚继光认为叉钯的招式不宜过于花哨，而是要从实战效果的角度出发，发挥出兵器的实用性。

除了步兵使用的钢叉之外，还有其他几种叉。在明朝茅元仪编写的兵书《武备志》中还记有一种马叉，"上可叉人，下可叉马"，由于马叉由骑兵使用，其长度超过了步兵使用的叉，最长可以达到4米。还有一种叫作"铁尺"的短叉，也叫"点穴尺""笔架叉"，它大约起源于唐宋时期，因通常双手各持一支，所以也称为"双铁尺"。这种兵器，擅长格挡刀剑等长兵刃，也可以刺伤对方，再加上便于携带，在武侠小说里广泛被各路侠客所装备。16世纪传至琉球，被称为"钗"或"十手"，也别称为"琉球三叉刺"。后来日本吞并琉球后，铁尺也随之传至日本，在日本被称作"浪人叉"或"短叉""十手"，多为练空手道者使用，因此也被称为"空手道短叉"。

在其他国家的文学作品中，也不乏对叉的描述。三叉戟，英文是Trident，这个单词是由表示"三"的词根"tri"和表示"凹"的单词"dent"共同组成，很形象地表达了这件武器的外观特征。作为一种双手用的长柄兵器，它多出现在神话故事中，很少有西方的正规军使用。最著名的三叉戟当属海神波塞冬（Poseidon）的象征物，其原形来自渔民使用的鱼叉。波塞冬是古希腊神话中的海神，奥林匹斯十二主神之一。当他挥动三叉戟时，不但能轻易掀起滔天巨浪，引发风暴和海啸，使大陆沉没、天地崩裂，还能将万物打得粉碎，甚至引发大地震。在神话传说之外，三叉戟还是古罗马时期角斗士使用的一种武器。为了加强观赏性，角斗士也依据其使用的武器和铠甲被分为不同的种类，其中网斗士（Retiarius）身着皮制护肩、手持网和三叉戟参加战斗。

随着科技的发展，许多冷兵器已经失去了使用价值，渐渐退出了历史舞台。但是叉还在一些特定的领域发挥着特定的作用。防暴叉是一种新型的非致命性安保器材，常用于社区、工矿企业等单位的内部安全保卫。它是一种特制的双股叉，长度约为2米。叉头成半圆弧形且没有尖锐的齿，叉头的直径约为50厘米，主要用于控制手持小型匕首、短刀等武器的歹徒，能够有效约束他们上肢的行动能力，同时最大限度地保护执勤人员的执法安全和人身安全，也降低了对施暴人的伤害。防暴叉具有强度高、重量轻、可伸缩、携带方便、运用灵活、可重复使用等特点。

第二章

飞叉：古老而传奇的技艺

人类在与自然的搏斗中学会了使用叉，在生产、生活和战争中发展了叉的用途。随着农耕文化的逐步发展，在中国传统文化中"仁爱"精神和"和谐"思想的影响下，勤劳勇敢而又乐观向上的中华儿女并没有将叉局限于工具或者武器，而是运用叉寻找到了强身健体、休闲娱乐的新方式。让叉飞起来的传统技艺——飞叉就这样走进我们的生活。

一、什么是飞叉

飞叉是一项中国传统杂技的项目。在表演中，艺人们使用装有环形响器的钢叉，使之在肩、背、胳膊等处滚转，或抛掷于空中，然后接住，耍出各种花样。由于表演过程中钢叉上下翻飞，因此得名飞叉，也有地区称之为马叉。

《故事家》2011年第7期发表的短篇小说《耍叉》，其中关于飞叉表演有这样的描写："陈师傅甩掉上衣，向着四周作了一个罗圈揖，然后左脚一挂，脚尖一勾，竖在一旁的钢叉便弹飞过来。他右手一兜，掌心一振，钢叉像一根藤条一样，弹撞到前胸，随后反弹而起。陈师傅左手侧推，钢叉像一条柔顺的马鞭，围着他的胳膊绕两圈，又在他双臂振翻下，像长了眼睛的长蛇一样，缠绕着身体上下翻飞。但只见叉影重重，寒光点点，叉盘声声，简直让人屏住了呼吸。突然间，陈师傅双臂一振，钢叉猛地弹飞出去，随后带着风声，扑面而来。陈师傅不慌不忙，拧腰飞腿，右脚尖正好踢在钢叉上，钢叉又'嗖'的一下射向了天空，随后又以迅雷不及掩耳之势，朝着他急速射下。杯口粗细的叉杆，寒光闪闪的叉尖，众人全都吓得瞪大了眼睛。可陈师傅健步上前，竟然以腹相迎。钢叉扎到肚皮上，陈师傅竟然安然无恙。钢叉又围着他的腰腹转了两圈，最后乖顺地在他手里竖在地上。"

这是一段生动的文字，它描写了飞叉的表演过程，也展示了飞叉艺人艺高人胆大的风采。一把坚挺而刚硬的钢叉到了他的手中却变得如此顺从，利用转、滚、踢、捣等动作，将叉和人连接在了一起。飞叉忽开忽合，犹如长蛇盘身舞动，时而缠身绕颈，时而飞旋腾空。叉随人转，闪跃腾挪，人叉合一，上下飞舞，叮叮作响，夺人耳目。在练叉人手中，叉仿佛成为他们的亲密伙伴。看热闹的人群，则时而屏气凝神、鸦雀无声，时而掌声雷动、欢呼叫好，现场氛围热烈。不难看出，飞叉作为一项充满技巧、惊险刺激、引人入胜的传统杂技项目，深受老百姓的喜爱（图2-1-1）。

一般表演中所用的飞叉，从外形上看属于三头叉，叉头由金属制作，呈"山"字形，因此也被称为"三股子"。叉头的细脖处装有可以滑动的圆形钢片和红缨圈，表演时可以发出响声。与作为武器的钢叉相比，飞叉较短，且造型圆润，不具有杀伤力。

从结构上讲，道具飞叉由叉头、叉杆两部分组成（图2-1-2）。叉头，是

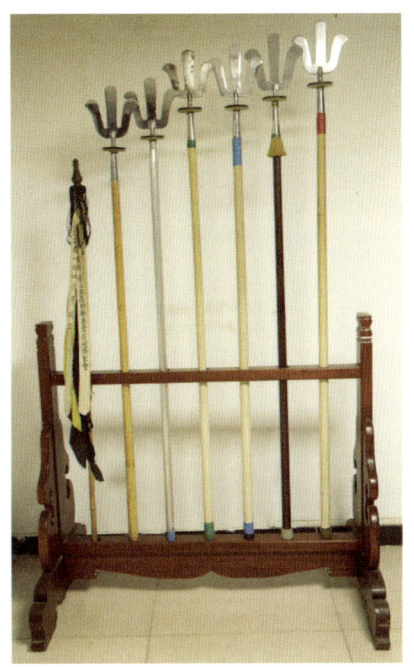

图2-1-1　姜桂海在三路居小学门口表演飞叉　　　　　　　　图2-1-2　飞叉

指安装在叉杆上带有尖刃的金属结构，一般长约30厘米，由叉尖、叉钹、叉库三个部分组成。叉尖，是叉头顶端三个突出的部件，中间的称为中股，两侧为侧股，为了强调飞叉不是武器，也为了保证表演者的安全，每一股叉尖都呈圆弧形，中股与叉杆纵向对齐，侧股成弧形向上围在中股两侧。叉钹，也叫小镲，是叉头中部的环形金属片，一般为铜制，作为叉头上安装的响器，可以随着飞叉舞动而发出清脆悦耳的声响，吸引人们的注意。有的学者认为，叉钹是从兵器钢叉上的钢环进化而来。叉库是叉头尾部的锥形圆管，用于连接固定叉头与叉杆。叉杆，约150厘米，多为木制，重约1.5千克。叉杆的长短、重量可以随使用者的个人喜好进行调整。

二、飞叉的起源

　　有的学者研究认为，飞叉也是古代宫廷所用的仪仗、娱乐工具。早在秦朝就首开了杂技歌舞之风，而叉从武器向杂技器具的演变，最早可以追溯到东汉时期。在三国时期，就有士兵列队表演叉技。到了明清时期，飞叉表演技艺也更成熟。《百戏竹枝词》是清朝人李声振记述关于清代北京及河北地区民间歌舞、杂乐、杂戏等表演情况的竹枝词专集。书中用生动形象的笔触，对清代北京及河北地区市井生活中的戏曲、说唱、民间歌舞、杂技等表演情况以及民俗、体育、游戏等活动进行了艺术化的描述，包含百余首作品。关于飞叉，在书中有这样的描述:"舞叉,即三刃矛也。缀以铁环,有力者袒而舞之。"在文中,飞叉被称为"舞叉",是由壮汉袒露上身上下挥舞钢叉。而叉在文中被称为"三刃矛",有三个尖刃,并且装饰有红缨和铁环。关于飞叉,书中还收录了一首诗:"肉袒先登两臂遒,铁环响处掣青虬,年来谁演《周王庙》?闲杀青巾三刃矛。"这是一段关于清代飞叉表演的比较生动、翔实又极具画面感的文字记录。诗中既描写了舞叉人孔武有力的形象,也描写了他们舞动钢叉所发出的雷霆万钧之响,让人在字里行间感受到了如飞龙一般的气势。

如此看来,飞叉作为老百姓喜闻乐见的一种文化娱乐活动,有着较为悠久的历史,如果我们想要在历史的长河中准确找出它的起源点,是十分困难的。但是在研究中,我们可以明确的是,飞叉技艺产生于劳动人民的劳动生活之中,凝结了中华儿女的智慧结晶。通过走访练叉艺人,他们心目中比较认可的起源,主要有劳作说、游戏说、兵器说、健身说四种。(图2-2-1)

1. 劳作说

劳作说,强调飞叉技艺是在人类生产劳动的实践过程中诞生。劳动创造了人,使用工具也成了人和其他动物的主要区别。古代,人们在捕鱼时常常用到鱼叉,除了手持鱼叉直接戳刺水中的鱼外,还可以通过投掷鱼叉的方式来捕鱼。在投掷捕鱼时,为了更好地收回鱼叉,人们通常会在叉柄上系上绳索。在收回绳索时,鱼叉是否捕到鱼的手感是不同的。没有捕到鱼的空叉会比较轻,收回绳索的力会让叉在空中翻转。人们在反复投掷和接住鱼叉的实践过程中,掌握了一些技巧。为了更好地捕鱼,古人也会练习抛接叉的技巧。因此,有人认为飞叉是人类在练习抛接鱼叉动作的基础上发展起来的。

2. 游戏说

这种说法认为,飞叉是在人们的消遣娱乐中诞生的。人类天生就具有一定的游戏本能。在有过剩精力的时候,人类为了消耗这些过剩的精力,便产生了

图2-2-1　飞叉表演

游戏。随着人类对世界认知能力的不断提升，物质生产水平也逐步提高，当人们不再依靠捕鱼打猎生存，不为饥饿所迫，衣食住行也渐渐有了着落的时候，便开始寻找其他形式来消耗精力。同时，也在寻找快乐和心理的满足。叉是人们日常劳作中经常使用到的工具。在农闲的时候，随手可以拿到的工具，也可以变成人们的新玩具。在摆弄、玩耍叉的时候，人们的动作也不再局限于手中转、搓，慢慢发展到把叉高高抛在空中，再帅气地接住。这样的游戏既打发了闲暇的时光，也锻炼了劳动的能力，培养了勇敢的精神，慢慢地很多人参与其中，逐渐形成了飞叉。因此，有人认为飞叉的技艺因人类游戏的需求而生。

3. 兵器说

战争是敌对双方为了达到一定的目的所进行的武装战斗，而武器是决定战场胜负的重要因素之一。在冷兵器时代，军事家和将领们都十分重视对传统武器的改良和创新。有人认为，飞叉作为武器进入战场，最早可以追溯到宋代。相传，张纯是南宋时期著名民族英雄宗泽的副将，力大如猛虎，擅长使用飞叉，可在二十步外取人性命，百发百中。在军队中，也有很多人向张纯学习飞叉。据说当时的飞叉上还有铁环，可以发出声音，起到迷惑敌人的作用。在抵御金兵的战斗中，这件能飞、能叉、能响的兵器，出奇制胜，发挥了意想不到的效果。后来渐渐传入民间，从一件兵器慢慢演变成了老百姓手中的飞叉。

4. 健身说

在民间有"三百六十行，无祖不立"的说法，在中国，各个行业都非常重视自己的祖师爷，希望找到一些很有名望、直接或间接地开创、扶持过本行业的人作为祖师爷。关于飞叉，民间传说认为它起源于南朝的梁武帝时期，是少林一代禅宗初祖达摩所创。相传，达摩抵达少林寺后便在少林寺旁不远的嵩山西麓一处天然石洞中面壁九年。九年的时间里，他多数是面对石壁，端端正正地坐在那里。偶尔站起身来活动一下，拿钢叉在全身各部位滚动按摩，活动筋骨，锻炼身体。据传，达摩老祖还把这些健身的招式记录了下来，流传到了民间，老百姓通过练习飞叉，达到了强身健体的目的。为了纪念达摩老祖，一些练叉人把他当作飞叉的祖师爷。

关于飞叉起源的说法还有很多，但是这些说法都是从某一个角度或者某一个侧面来解释了飞叉的产生，人民群众是历史真正的创造者，不论是哪一种起源说，都说明了飞叉这项古老的技艺来源于大众生活。它随着社会的发展，在广大劳动人民生产生活的实践中，通过吸收武术、杂技、戏曲、舞蹈等多种艺术形式的精华，再与"百戏"和"庙会"结合起来，才发展出了成熟的技艺，并且拓宽了发展空间（图2-2-2）。

图2-2-2 第四届八大处新春祈福庙会

三、飞叉的艺术特点

飞叉是一项杂技表演艺术,作为中华优秀传统文化的一个重要组成部分,它有着较强的艺术价值。飞叉表演是在锣鼓伴奏的配合下进行一系列连贯招式动作的展示,一般不具有故事情节,演员在舞台上不需要通过台词进行沟通。因此,传统意义上的飞叉表演并不适合展示人物性格特征和故事情节。然而,飞叉通过高难度的肢体语言给观众带来的紧张感、刺激感却超过其他艺术形式。对于演员来讲,每一次飞叉表演都是对他们自身潜力的一次挑战。飞叉给观众带来的巨大震撼,唤醒了他们心中的英雄情结,使之转化为对演员精神、勇气、力量的赞叹和敬佩,进而产生了一种崇拜感。飞叉的艺术特点展现在以下几个方面。

对于演员来讲,飞叉表演具有较高的技巧性。飞叉表演重视技术与力量的结合,"难"和"险"是飞叉表演中所强调的两个重点。"难"是指演员通过身体与钢叉之间的交流,创作出了滚、转、抛、接一系列高难度的动作。"险"是指这些动作给观众带来的紧张而刺激的体验。这些难而险的技巧动作并不是一蹴而就的。练叉人常常会说"一年棍、十年叉",不论是钢叉在手臂上的转动,还是抛起时对钢叉重心的控制,或是接住飞叉时身体所接触的部位和角度,这些都需要经过反复、长期的练习,并在一次次失败中摸索成功的技巧和经验。因此,飞叉表演具有较高的技巧性,需要经过正规的训练才可以从容掌握其中的奥妙。

对于观众来讲,飞叉表演具有极高的观赏性。和其他杂技项目一样,飞叉是一门以高难而惊险的人体技巧为特征的艺术,也是一门供人们欣赏的视觉艺术。从观众的视角来看,飞叉并不依靠语言作为媒介来向观众传递信息,而是通过无声的肢体动作,给观众带来更加直观的感官刺激和愉悦感,因此也更容易被不同文化、不同年龄的人群所接受。一般来讲,飞叉表演的形式生动活泼、创意新颖别致、节目短小精悍、动作设计灵活多变。随着时代的发展，在音响、灯光、服装等元素的衬托下，飞叉更加具有独特的魅力。

从表演形式来看，飞叉表演具有群众性。飞叉是基于民间传统文化而产生的一项表演艺术，它创作的灵感来源于百姓的日常生活之中，一般每到年节、庙会、农闲时节，群众就会自发组织飞叉表演。因此，飞叉和当地民间习俗之间，存在共存的关系。飞叉表演一般也是采用集体表演的形式，它离不开民间的土壤。只有当飞叉融入生活中，并获得民众的认同感时，它才有可以延续的生命力。（图2-3-1）

从传统技艺来讲，飞叉的延续具有传承性。飞叉的传承是一种传统民俗文化的传承。随着技艺的发展，飞叉也形成了较为系统的表演体系和招式套路，它的传承链条中最重要、最不可断裂的，就是"人的接力"。目前来看，传统的师徒关系仍然是飞叉传承的重要方式。而这种传承不单纯是技艺的传承，也是一种记忆的传承。这些记忆来自民众对过往的追思、对乡土的回望。因此，飞叉的传承性，不仅体现在师徒之间的传递，更体现在其所蕴涵的精神力量。

图2-3-1　姜利甫练叉

四、飞叉的功能

经过上千年的演变和发展，今天的飞叉与其他有着悠久历史的优秀传统文化和技艺一样，依旧在当今社会里散发着古朴而又充满活力的气息。练习飞叉不仅需要勤学，更需要苦练。它和普通刀枪最大的不同，是表演时不能用手握。表演者需要熟练控制肌肉的紧张和松弛，让飞叉在臂、腿、背上转圈翻滚,同时需要精确掌握力度来调整飞叉的位置和速度,通过物理学重心、离心的原理,控制飞叉的起、落、转、合等。因此,飞叉具有强健体魄、磨炼意志、休闲娱乐等方面的功能。

1. 强健体魄

飞叉是一项具有强身健体功能的运动。飞叉运动需要上肢、身躯和下肢等各部位的配合。在进行肢体运动时,带动四肢、脖颈、腰腹等各肌肉群参与运动,增加了肌肉的收缩能力,加强相关关节的灵活度,有助于增加骨骼密度。飞叉的高速转动,锻炼了眼睛观察运动情况的能力,以及通过大脑调度全身各器官、组织协同运动的能力,有效锻炼了人体的反应力和灵敏度。与此同时,飞叉的抛接、滚转也在对身体各部位进行打、压、滚动等按摩,有效地促进了人体的新陈代谢,保持气血通畅。同时,练习飞叉也属于一项有氧运动,可以增加肺活量,增强血氧的输送能力,改善心血管和肺的功能,提高身体的抵抗力,降低心脑血管疾病的发病率。

2. 磨炼意志

飞叉是一项技巧性很强的运动。它需要练习者具有优秀的身体素质,同时也要具有坚忍、勇敢、不畏困难的精神品质。学习飞叉很难一蹴而就,要想熟练掌握好每一个动作,需要持之以恒的心态。特别是练习抛接等动作时,需要长时间的积累和刻苦练习,才能掌握好动作的技巧。有效地控制飞叉,做好动作之间的连接,也需要练习者用心揣摩,反复体悟其中的要领。学习和练习飞叉,要有不怕困难、不断坚持和敢于尝试的精神,这也培养和激发了练习者勤于思考、善于学习、勇于探索的精神品质。尤其是对于正处于成长阶段的青少年,练习飞叉可以促进他们心智的成长,以及积极、坚忍、勇敢品德的培养。(图2-4-1)

图2-4-1 北京育英中学学生学习飞叉

3. 休闲娱乐

飞叉是一项古老而现代的休闲运动。对于练习者来讲，并没有年龄、性别等方面的限制，具有较强的可参与性。在练习飞叉的人中，很多都把它作为一种休闲娱乐的方式。通过练习飞叉，既增强了他们的身体素质，也使练习者放松了心情，消除了心理和生理上的疲劳，缓解了心理和精神的压力。同时，飞叉的观赏性和审美价值，给观众带来惊险刺激以及愉悦的观赏感受，也使之成为老百姓茶余饭后喜闻乐见的娱乐休闲活动。此外，群众性的飞叉活动，也成了人们相互切磋技艺、交流思想、增进友谊的良好方式和社交载体。（图2-4-2）

图2-4-2　走会场景

五、飞叉的代表人物

在一代代练叉人的不懈努力下，飞叉成为中国传统民俗文化中一块绚丽夺目的瑰宝。在飞叉发展历程中，产生了一些代表人物。他们技艺精湛，正是他们使飞叉走进了更多人的视野，推动了飞叉技艺的发展。然而，关于这些艺人的文字描述和影像资料却十分有限，但是我们仍然可以在一些历史文献资料或者文章中，找到关于他们的点点滴滴。也许在历史的长河中，他们如过客一般只是留下了自己的名字，但是我们仍然可以在一辈辈飞叉艺人的口中，感受到他们当年的风采和绝技。

提到飞叉，我们最容易联想到的就是在北京天桥撂地卖艺的老艺人们。这里说的天桥，可不是为了便于行人穿越马路而架设的人行立交桥。在老北京人口中，天桥有特别的含义。明清时期，天桥是位于紫禁城以南、天坛以北，跨越龙须沟之上的一座桥，是皇帝前往天坛、先农坛参加祭祀仪式时的必经之路。因为是天子走过的桥，所以被称为"天桥"，有通天之桥的寓意。这座天桥是一座单孔的汉白玉桥，平时被木栅栏封闭，官民只能走两侧的木桥。在20世纪二三十年代，因为要修路，天桥被全部拆除，只保留下一个地名。2013年，在天桥原址以南约40米处，复建了一座由青白石建造的景观拱桥。景观桥和仿制的双碑共同构成了天桥历史文化景观广场，唤起人们的记忆。

  对于老北京人来讲，天桥不仅仅是一座桥，更是一处文化地标和平民娱乐场所。在元、明时代，天桥附近出现了市场和一些商业群。到了清代，天桥已变得兴旺热闹。这里的繁华与北侧皇城的威严形成了鲜明的对比。出现繁华与热闹的重要原因之一，是因为这里"三教九流、五行八作、什样杂耍、百样吃食"样样俱全。特别是在天桥附近，还聚集了一大批身怀绝技的民间艺人在此撂地卖艺，他们展示自己的独门绝技，吸引了大量的人流，这里渐渐形成了独具"京味"特色的天桥文化，成了北京民俗文化中不可或缺的重要组成部分。"酒旗戏鼓天桥市，多少游人不忆家"，这是著名剧作家曹禺先生描绘昔日老天桥胜景的质朴诗句，生动地描写了百年来，天桥吸引着无数的游人徜徉于歌舞升平中，流连忘返、再不忆家的场景。

  在老天桥众多展现冷门绝学的艺人中，当然少不了飞叉艺人的身影。他们舞动的钢叉寒光逼人，叉上小镲发出的声音响亮有力，表演惊险纷呈、紧张刺激，吸引了不少观众。在马三立、王凤山表演的相声《练气功》中，就称赞了一位叫王雨田的老天桥飞叉艺人。相声中提到"王雨田那耍叉很好的了！多少年了，那有手绝的——这叉'刷—刷—刷—刷！'扔起来，拿手背接；这叉'骨碌骨碌'轱辘下来，去用脚背接，往起这么一踢，'刷！'踢起来还那么接。"王雨田是一名杰出的杂技演员。他自幼练飞叉，清末时他在步营当差，期间曾加入"黑窑厂开路会"表演飞叉。20世纪20年代，因生活所迫，他加入天桥杂耍园表演飞叉、空竹等节目，备受观众喜爱。新中国成立后，旧社会的老艺人受到了国家重视。王雨田作为其中一员，加入了中国杂技团，同时也培养了一批优秀的飞叉演员。他的儿子王清源、女儿王淑英，也得到了父亲的真传。兄妹二人进一步发展飞叉技艺，特别是联手打造"双舞飞叉"，曾获得莫斯科第六届世界青年与学生和平友谊联欢节杂技节目银奖，堪称双人飞叉表演中的经典。他们一家也成为最早把飞叉技艺带到了杂技表演舞台之上的艺人之一，为中国杂技事业的发展做出了很大贡献。

  吴昆、刘颖在2017年第11期《北京纪事》上发表的《天桥纪实（五）——天桥的十大武将》一文，介绍了十位民国时期著名的天桥艺人，其中练叉的就有两位。飞叉谭俊川，是一位六十多岁的老将。耍飞叉时手脚并用，飞叉旋转自如，他拿手的绝技是抬胳膊，把旋转的飞叉直立臂上，再移到掌上，飞叉能自顾自转，哗哗作响。还有一位是耍双叉的宦六，表演时，他练得双叉绕身飞，缠头过脑，惊险纷呈。他还和徒弟相金子、小于子站在三层高桌上，对扔对接，花样翻新。如今，有许多杂技团还在表演类似的节目，只是将惊险的叉改成了相对安全的棍棒，但是两人或多人互扔互接的形式仍没有改变，再加上一些创新的动作，使得这类节目有了新的发展。

天桥的艺人们把飞叉带到了老百姓的身边。还有一位著名的武术家，不但对飞叉技艺进行了系统梳理，发扬光大，还把这块传统文化的瑰宝带出了国门，走进了奥运会的赛场上。他就是我国著名的武术家、中医骨伤科专家郑怀贤教授。郑怀贤，又名郑德顺，1897年10月出生于河北省白洋淀的一个贫苦农民家中，年幼时因家贫而辍学。1907年，时年11岁的郑怀贤在新安镇的庙会初见"开路飞叉"，便一见钟情地爱上了这门技术，嚷着要学飞叉。13岁时，拜新安飞叉大王李洱庆为师学飞叉，兼学接骨治伤的本领。18岁时，他耍叉的本领已达到炉火纯青的地步，在涞水、易县已经小有名气。1918年，郑怀贤被途经这里的武术名家魏昌义看中，经师父李洱庆同意后，被魏昌义收为弟子，学习北方地区很有名气的武术拳种"戳脚翻子"。后又随魏金山、孙禄堂等人学习武术、医术。1928年，郑怀贤在孙禄堂的推荐下来到了上海，先后在上海中华体育会、上海交通大学、上海西江体育师范学校担任武术教员。

1936年6月，郑怀贤入选第11届柏林奥运会的国术表演队。"国术"是民国时期对中国武术的叫法，不仅说明了武术强身健体的功能，更强调了其强身卫国的重要性。这次国术表演队一行9人，与其他的69名运动员一起赶赴德国柏林参加奥运会。这是中国武术第一次有组织地在国际舞台上献技，也是第一次在奥运会的赛场上进行展示。虽然，在这届奥运会上，我国运动员在赛场上并没有收获奖牌，但是，国术作为民间体育表演项目，却得到了德国观众的认可。郑怀贤表演的飞叉时快时慢，寒光闪烁，犹如银蛇盘旋，流水激荡，伴随着钢叉发出的悦耳而又急促的叮当声，更加出神入化，引人入胜，得到了德国观众潮水般的掌声。有观众啧啧称奇，十分疑惑为什么郑怀贤的钢叉不管在身上怎么翻滚，都不会掉下来，甚至怀疑是不是郑怀贤在钢叉上装了机械装置，或者是在衣服里藏有磁铁。面对德国观众的质疑，郑怀贤告诉他们，飞叉的表演是靠熟能生巧、巧能生精、精能生神，而飞叉的奥秘就在于多年的勤学苦练，熟练地把握钢叉的重心和速度。他的回答，不仅向大家解释了飞叉的奥秘，更赢得了各国观众的尊敬和认可，为国家争得了荣誉。毫无疑问，郑怀贤在奥运会上的表演非常成功，成为当时极为轰动的节目之一。

我们还可以在一些文献资料中，发现一些有关于练叉人的记录。例如：张金顺是中国杂技团的著名演员，他随团分别出访过苏联、朝鲜、南斯拉夫、罗马尼亚、保加利亚、阿尔巴尼亚、德国、法国、意大利、英国、荷兰等二十多个国家和地区，他的飞叉绝技令外国友人赞叹，获得了"飞叉王"的美誉。1958年，为了支援少数民族文化事业，他带着中国杂技团九名同志和两个儿子一起来到宁夏，组建了"宁夏回族自治区杂技团"（后改称为银川市杂技团）。他把飞叉这门技艺带到了祖国的大西北，并将宁夏的民族特色也融入飞叉表演之中，为飞叉的传承与创新做出了贡献。

蔡龙云著的《琴剑楼武术文集》里提到了侯友泉表演飞叉的故事。1953年，时年22岁的侯友泉作为山东省的代表，参加了在上海市举办的华东区第一届人民体育运动大会，在民族形式体育的表演中进行了飞叉展示。侯友泉从12岁开始练习飞叉，十年来，每天练习两次，从未间断过。他的飞叉表演已经达到了令人称奇的地步，并且创造性地将飞叉和单轮飞车融合在一起，让其表演更加精彩。

李永明等人在2015年2月发表在《搏击》（武术科学）上的《叉的源流与发展》一文中，还提到了中国杂技团国家一级演员、飞叉大师罗炳松，全国总工会文工团著名的"扫帚姐"张秀芳、安新的飞叉大师屈国立，以及山东民间艺人、素有"飞叉大王"之称的刘仲山。很可惜，我们没法找到更多关于他们的视频资料，只能在字里行间感受当年各位大师技惊四座的表演和掌声雷动的画面。

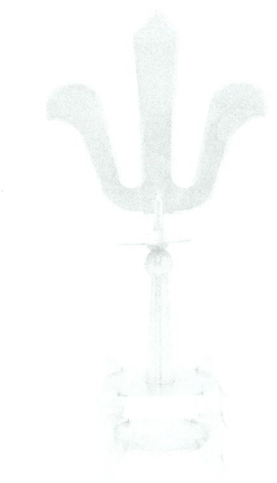

第三章

开路：独具魅力的花会组织

飞叉表演的主要形式是以叉为道具,通过抛接来进行力量和技巧的展示。随着历史发展,飞叉的演出形式也不再局限于单人表演或者师徒搭档表演。一些练叉的朋友们会聚在一起,交流玩叉的心得,或组织更多的练叉人共同参加演出活动。久而久之,就形成了一个特定的团体——"开路会"。为了能够达到更好的演出效果,他们还把鼓、铙等中国传统打击乐器也加入飞叉的表演之中,其演出形式也从个体的技巧表演发展成为"文武"共同配合演出的一种较为复杂的传统民间艺术形式,活跃在庙会等多种多样的民俗活动中。

一、庙会与花会

庙会,也称为"庙市"或"节场"。它是流行于全国各大地区的一种古老的民俗及民间宗教文化活动。在《辞海》中,庙会的解释为:中国的集市形式之一,唐代就已经存在,在寺庙节日或规定日期举行,一般设在寺庙内或其附近,故称为"庙会"。简单从字面上看,庙会包括"庙"和"会",一动一静的两个重要元素。"庙"指宗教建筑,是一种静止的存在;而"会"既有聚会、集会的意思,也指参与庙会的各档花会,是一种动态的存在。二者合二为一,就形成了一项以寺庙为依托,集祭祀祖先神灵、交易货物、休闲娱乐于一体的大型民俗文化活动,成为兼具仪式性、商业性、娱乐性的综合性社会文化现象。

庙会最早的起源可以追溯到古代的宗庙社稷制度——祭祀。重视祭祀是中国人的传统,在《左传·成公十三年》有这样的表述,"国之大事,在祀与戎",意思是说祭祀和战争一样,都是国家的头等大事。在祭祀祖先神和自然神的过程中,人们聚集在一起,集体开展一些活动,如进献供品、演奏音乐、举行仪式等,这种为祭祀神灵而产生的集会可以看作是后世民间庙会的雏形。随着社会的发展,为了满足民间的祭祀需求,便有了庙会。在庙会上,祭拜、许愿、还愿仍然是各项活动中的核心环节。通过庙会,"人间烟火"与"香火"交织相连,每一个参与其中的人都诚恳地感激上天给予他们的恩惠,同时也表达了对祖先的深深追思。可以看出,庙会作为一项有着悠久历史的祭祀活动,具有仪式性。

庙会一般在佛、道两教的宗教节日或农历新年、元宵节、二月二龙抬头等几个特定的节日举办。起初的庙会,大家仅仅本着敬神祈福的目的聚集在一起,其主要是为了满足百姓的精神需求,庙会上也会售卖一些祭拜所用供品。随着经济繁荣发展,庙会不再局限于祭拜活动,所售卖的商品,从供品、手工艺品,发展到琳琅满目的日常百货用品,成为一个庞大的贸易集散地,来自五湖四海的各色商品全部汇集于此。清初大兴人潘荣陛所著的清代北京风俗志书《帝京岁时纪胜》写道"开庙之日,百货云集,凡珠玉、绫罗、衣服、饮食、古玩、字画、花鸟、虫鱼以及寻常日用之物,星卜、杂技之流,无所不有",

详细记录了京城庙会"百货充集,拜香络绎"的热闹场景。除了日用百货以外,一些特色小吃摊贩也汇聚到了庙会上,有了食品的补充,人们可以更长时间地逗留在庙会上。餐饮和商业的出现,也从某种程度上吸引了更多的游客来逛庙会,带动了庙会的进一步繁荣。庙会在物质和精神两方面共同满足人们的需求,也逐渐演变成了集宗教、集市、娱乐为一体的综合性民俗活动。因此,庙会也是著名的集市贸易形式,具有商业性。(图3-1-1)

庙会热闹非凡,吸引了大量来自四面八方的人流客流聚集于此。作为休闲娱乐的好去处,除了购物消费,人们还有游览观光的娱乐需求。在庙里,人们在祭拜的过程中可以参观到名胜古迹。在庙外,还有更多的热闹可以看。过去有些大户人家为了许愿、还愿会邀请皮影戏、木偶戏、地方戏曲等戏班子前来演出;各行各业也会组织舞狮、高跷、旱船等各具特色的表演。通过多种多样的形式,来表达人们对祖先及神灵的感谢以及对风调雨顺、诸事顺利的美好期盼。当然,庙会也吸引了一些民间艺人在此展示自己的绝活,在赢得喝彩声的同时,也希望能得到丰厚的赏金。久而久之,在那个娱乐生活还比较匮乏的时代,庙会丰富了老百姓们平淡无味的生活,并渐渐演变成了节日期间、特别是春节期间不可或缺的娱乐活动。这体现出了庙会所具有的娱乐性。

以北京地区为例,庙会是旧时北京过年的主要习俗,最早的历史记载可以上溯到辽金时期。自元朝定都后,随着道教佛教寺庙的兴建,各种庙会也繁荣昌盛,异彩纷呈。到了明清时期,作为政治、经济、文化中心,北京城里的庙会更加丰富多彩、异常繁荣。虽然,庙会最初的形成发展与宗教活动有关,只是附设一些商业活动。然而,由于老百姓生活的需要,庙会渐渐发展成了他们的购物市场,祭祀变成了次要的活动。北京的庙会种类繁多,在20世纪初,京城内外循例举办庙会活动的寺庙就达到了六七十座。民国夏仁虎所著的《旧京琐记》中记载,当时北京是"四时有会,每月有会"。按照庙会中心内容的不

图3-1-1 三路居开路会在药王庙参加庙会活动

同，我们大致可以分为以下四类：第一类是敬神祈福类，这类庙会主要在一些特定的节日或者祭日举行，例如在娘娘庙、东药王庙举行的庙会；第二类是商品集市类，这类庙会多为定期开放，每月开设几天，善男信女在上香的同时，更是为了购买一些生活用品，例如在隆福寺、厂甸举行的庙会；第三类是娱乐观光类，这类庙会主要在郊外风景秀丽的一些宗教场所举行，人们不仅可以拜佛礼神，还可以游览美好风光，例如在卧佛寺、碧云寺举行的庙会；第四类是行业祭祖类，此类庙会一般于行业祖师的诞辰之日在行业内部的会馆举行，也成了百姓游乐的好去处，例如在东城区小江胡同的布商会馆、东岳庙的鲁班会举办的庙会。

从明清到近代，这些庙会是重要的民俗场所，在香火缭绕中，既留下了百姓对美好生活的期盼，又是他们进行商品交易的重要场所，同时也承载着厚重的民间文化传统。在京城众多庙会中，最著名的就要数在"三山五顶"举办的庙会。这里所说的"三山"，即平谷的丫髻山、门头沟的妙峰山、石景山的天泰山。"五顶"，是指当时京城近郊的五座娘娘庙，它们分别是：东直门外的行宫庙称为"东顶"、海淀蓝靛厂的广仁宫称为"西顶"、永外大红门的娘娘庙称为"南顶"、安定门外的娘娘庙称为"北顶"、丰台草桥的娘娘庙称为"中顶"。这"五顶"的庙会从功能上看也各有特色，中顶以行香走会为主；南顶以跑车赛马闻名；西顶为慈禧太后的祝釐之所；北顶、东顶皆为庙市，是民间物资集散交流的重要场所。随着时间的推移，时至今日，"三山"香火依然缭绕，"五顶"中被国家体育场"鸟巢"和国家游泳中心"水立方"所围绕的北顶娘娘庙，因奥林匹克中心区的规划，它作为历史文化遗产而保留了下来，并得到了修缮。其他四"顶"，随着城市的变迁，或仅剩下部分遗迹，或已根本不见了踪迹。

"行香走会"是庙会上的高光时刻，也是最吸引人的环节。"行香走会"是指每逢庙会之时，各档花会在参加庙会敬香拜神的路上，扮演成神魔鬼怪或者民间故事传说里的人物，边走边演以达到娱神祈福的目的。这里的会就是我们常提到的"花会"。"花会"最早可以追溯到汉代的"百戏"，到了宋元时期也被称为"社火"，到了明代才正式定名为"香会"。新中国成立后，为了撇清与封建迷信活动的关系，"香会"改称"乡会"。但是"乡会"容易让人局限地理解为只有农村地区才有的民俗活动，因此，最终定名为"花会"。取名为"花会"，也是想说明种类多、花样多，取百花齐放、百花争艳之意。

在1935年北平故宫印刷所出版的《旧都文物略》中记载："庙市，俗呼庙会，旧京庙宇栉比，设市者居其半……年开一市者，多有香会，如秧歌、少林、五虎、开路、太狮少狮、高跷、杠子、小车、中幡等。"这里提到的，就是流行在老北京的传统庙会十三档花会，它囊括了武术、舞蹈、杂耍、滑稽表演、曲艺、音乐等类型的项目。飞叉、五虎棍、中幡等表演需要多年练就的真功夫，可以做出各种惊险而优美的动作；而双石、石锁、杠子、花坛属于杂耍类；杠箱兼具技巧与滑稽表演；还有吵子、神胆属于民间吹打乐的表演。关于这十三档花会，在民间还形成了一首顺口溜："开路打先锋（耍飞叉），五虎紧跟行（五虎棍），门前侠客木（踩高跷），中幡抖威风（舞中幡）。狮子蹲左右（舞太狮），双石门下行（耍石担），石锁把门挡（耍石锁），杠子把门横（盘杠子）。花坛盛美酒（耍坛子），吵子响连声（打吵子），杠箱来进贡（抬杠箱），天平称一称（十不闲），神胆来蹲底（摇跨鼓），幡鼓享太平。"我们可以从中感受到人头攒动、锣鼓喧天的热闹场面。因此，我们也可以把花会看作是庙会的衍生物，一方面庙会为花会提供表演场地，是花会献艺的重要场所，为花会提供了巨大的舞台；另一方面，花会也极大地活跃了庙会的氛围，也为庙会带来更多的人流客流。

然而，花会不仅仅是为大家带来表演的团队，其实，整个庙会的组织、服务保障等工作都是由不同的花会分头负责。以天津的天后宫皇会为例，我们可以大致了解一下庙会的组织流程以及花会种类和所担负的任务。天后宫坐落于天津市南开区古文化街，始建于元泰定三年（1326年），是中国北方地区妈祖信俗的中心，也是我国三大妈祖宫庙之一。天后宫皇会，是一场为了纪念海神天后娘娘生日而举办的迎神赛会活动。自清朝康熙年间，每年农历三月廿三日天后娘娘生日之时举行。到了乾隆年间，乾隆皇帝视察天津时，观看了娘娘会的演出后，龙颜大悦，于是嘉赏"娘娘会"改为"皇会"。天后宫皇会的会期为4天。第一日为"送驾"，把天后从天后宫接出来，送回"娘家"与父母团聚。第二日为"接驾"日，接娘娘返回天后宫。第三、四日为"巡香散福"，从天后宫出发，由接香会抬着香锅，经过各大街道，接受善男信女的香火，意为天后散福给各家百姓。在这4天的会期中，每天都有花会沿途表演节目。在中国国家博物馆收藏的《天津天后宫行会图》上，真实地记录了这一盛会的亮丽风采，各档花会逗技献艺，整个队伍浩浩荡荡，观者如云。

天后宫庙会的组织者和参与者以"会"的形式出现，形成若干团体。每档会分工明确，各司其职，有的是组织单位、有的是表演单位、有的是服务单位、有的既组织又表演。据统计，在1894年的皇会有52档会参加，1924年皇会接驾有41档会参加，1936年皇会接驾有42档会参加、出巡散福有56档会参加。各档会都有不同的分工，可以按照功能分为四类。一是服务协调类，这些会负责皇会的筹备、实施、指挥调度以及各项公益服务。其中，扫殿会是各档会的神经中枢，负责总指挥，其他会要服从它的调度。净街会、请驾会、梅汤会、护棚会、防险会等承担公益服务的职责。二是仪仗设摆类，这档会主要负责依照"敕封天后"应有的制度，来配备相应的仪仗执事，例如：各种道具、灯饰、旗幡、家具、古董、字画等物品，陈列在事先搭好的大棚内供游人参观，有护驾会、銮驾会、华辇会、门幡会、太狮会、华盖宝伞会、宝鼎会、宝塔会、广照会、日罩会、灯罩会、灯亭会、鲜花会等。三是还愿劝善类，这档会没有特定表演，但它们的规模较大，道具和服饰也都是一流的，旨在祈求神灵保佑、许愿还愿，有庆善堂巡风圣会等。四是献艺表演类，这档会主要承担表演任务，包括鼓乐表演、戏曲说唱、舞艺耍技、寓意造型等演出，有杠箱会、法鼓会、秧歌会、提炉灯会、大乐会等。以上这四类会都是由民间自发组织的，但却为了祭拜天后这一共同目标，大家齐心合力、分工协作、各司其职，才成就了天后宫皇会的精彩和辉煌，打造了一场北方民间表演技艺"大聚会"，也使其成为民俗史上最有名的庙会之一。

今天，在全国各地依然还保留着在春节逛庙会的传统。庙会从寺庙的节日演化成了百姓的节日和世俗的活动。作为中国民间广为流传的一种传统民俗活动，也成了国家级的非物质文化遗产项目。中国的庙会传统还影响到了亚洲的其他地区，例如在朝鲜、日本以及一些东南亚国家都能见到庙会的影子。从形式上看，全国各地的庙会都大体相同，但是由于历史、地理、民俗文化等方面存在着差异性，各地的庙会也有着独特的文化底蕴和风格魅力。作为民俗的载体，庙会承载了丰富的民间文化，凝聚着劳动人民的道德风尚、审美情趣和思想感情，也是联系人们亲情、友情的重要桥梁。

二、庙会里的飞叉表演

庙会汇集人流，是个极其热闹的地方，能吸引观众眼球的飞叉表演，当然也不会缺席。摩肩接踵的庙会成了练叉人期盼已久的展示舞台，也许正是观众们的阵阵叫好声，成为激励他们平日刻苦练习的巨大动力，也进一步激发了他们揣摩新招式的想象力。在庙会上，人们不仅可以看到单独一人耍叉或者师徒组成的小团队在撂地卖艺，通过展示飞叉绝技来换取酬金；还会在固定的表演区域或者舞台上看到精彩绝伦的飞叉表演；在游行文艺演出队伍中，也能找到练叉人的身影。今天，我们仍然可以在一些文学作品或民俗文化的资料中，寻找到许多关于各地庙会上飞叉表演的记录。

"百本张"是清代最负盛名的制作、售卖曲本和剧本抄本的民间书坊之一，其出售的"子弟书"成了当时文艺作品传播的重要途径。在《百本张抄本》中，有较为详细的一段关于在庙会上行进飞叉表演时穿着打扮的描述："开路叉，逞英豪，勾花脸，桐油照，发髻披散四下抛，青缎子靴，青缎子靠，虎皮战裙记纱包"。我们可以看出这些人的装扮和我们平时见到的练叉人有着很大的差异，他们勾着怪异的花脸，披头散发，赤膊，全身上下都是黑色的服饰，腰间围着虎皮裙。这身装扮看上去让人有些距离感，再加上手里飞舞着寒光凛凛的钢叉，让人有退避三舍的感觉。《京都香会话春秋》中还有一段关于飞叉招式的描述："旱地拔葱不好学，十字披红，玉带缠腰，这些故事全学好。唯有窜裆最难教，劲儿也不许大，劲儿也不许小，劲儿要是一大，拐不过弯来可怎么好？瞧热闹，哥儿们打点褥套，躲避不及一命消。教我练，我可练不了，我不能五逢六月戴毡帽。"这几句话虽然很俏皮，但是也强调了学习飞叉不是一件容易的事情。旱地拔葱、十字披红、玉带缠腰，这些都是飞叉的经典动作，名字听起来很儒雅，但练习起来却很费工夫。要想掌握这些动作，不仅需要勤学苦练，更需要掌握技巧，拿捏准耍叉的力道。

除了北京地区以外，其他各地的庙会上，也能够见到飞叉表演。在我国东北地区享有盛名的"天成观皇会"，距今已有300多年的历史了。天成观，位于辽宁省朝阳市喀喇沁左翼蒙古族自治县大城子镇，始建于清康熙年间。为了纪念药王孙思邈的诞辰，每年农历的四月二十八会举行为期3天的庙会。在乾隆年间，经皇上恩准，将药王诞辰之庙会改办为"皇会"。天成观皇会不仅是为了感怀孙思邈的历史功绩，也是蒙古族、满族、汉族等多个民族共同参演的大型民俗展示活动，共包括十道各具特色的花会展示。其中，第二道花会就是练飞叉的"马叉英雄会"，一般由25名练叉的武士步行进行表演，并伴有专门的锣鼓乐伴奏。钢叉与人同舞，或抛叉于顶上，或拨叉于背间，或悬叉于怀抱，或转叉于腰胸，或行叉于胯下，或踢叉于低空，旋转萦回，翻腾上下。表演者各个技艺精湛、信心十足，一边行走一边耍叉。观众们则前簇后拥，眼花缭乱，惊叹不已。

在南方的庙会上，也可以看到飞叉的身影。陈东在2014年发表的《无锡民俗体育文化考略》一文中，提到了江浙一带的庙会上关于飞叉的记录。在春节、元宵节、清明节、端午节、重阳节等重要的节日上，人们往往会采用庙会的方式来举行庆祝活动。在庙会上，各路走会的队伍齐集，各式民俗体育活动也随之展开。不同的行当穿着不同的服装，边行进边表演，煞是好看。飞叉也是庙会民俗体育活动的项目之一，它是具有一定武术性质的体育活动，由于其危险性较高、难度较大，无法像其他便于上手的项目那样容易传播。练习飞叉不是花拳绣腿，需要一定的武术功底，不仅要有强大的臂力，而且需要眼疾手快的反应力。

三、开路会

明清时期，全国各地庙会活动的发展变得更加繁盛，城乡各行业、各村镇均设有求神拜佛的群众组织，在组织祭拜仪式的同时，也会组织排练一些民歌、器乐、戏曲、舞蹈、武术和杂技等形式的文体演出节目。"走会"是庙会中的一个重要环节，各档花会除了在固定舞台进行表演以外，还要在行进中表演。这也是各地庙会上最精彩的时刻。浩浩荡荡的花会队伍，依次列队载歌载舞，如同一支引人入胜的文艺大军，所到之处，万人空巷。清代的富察敦崇在《燕京岁时记》中关于走会有这样的记载："过会者，乃京师游手，扮作开路、中幡、杠箱、官儿、五虎棍、跨鼓、花钹、高跷、秧歌、十不闲、耍坛子、耍狮子之类，如遇城隍出巡及各庙会等，随地演唱，观者如堵，最易生事。"这里提到了十多种节目的名字，其中的"开路"，就是飞叉表演。一边行进，一边抛叉接叉，人舞叉飞，动作连贯，寒光闪闪，惊险纷呈，再加上叉上发出清脆的响声，使得围观的人群害怕被钢叉飞舞碰到，纷纷闪开，自觉躲让，飞叉为后续的花会表演开辟一条通路，也就是其得名"开路"的原因。

飞叉之所以会被称为"开路"，据传是为了忌讳"叉"字。单从字面意思上来说，"开路"就是使道路畅通无阻，在平坦的大道上无所束缚。"开路"二字由开路神而来。民间信仰中有开路神一说，大约成书于明代的《三教源流搜神大全》指出："开路神君乃是《周礼》之方相氏也，相传轩辕黄帝周游九垓，元妃嫘祖死于道，令次妃好如监护，因买相以防夜，盖其始也。俗名险道神，一名阡陌将军，一名开路神君……左手执玉印，右手持方天画戟。"据传，轩辕黄帝周游天下时，元妃嫘祖不幸死在路上，就命令方相守护防夜，于是方相便成了开路神。在《封神演义》中，被封为显道神和开路神的也是"方弼方相"两兄弟。他们生前为商纣王的镇殿将军，为救护殷郊殷洪两位皇子，一路开道把二位皇子护送出朝歌城。后来方氏二兄弟归顺西周，不幸战死在武王伐纣的征程中。在民间，二人也算是最早的门神，担负着驱疫避邪的职责。

每当春节、元宵节等传统节庆活动时，走在最前面、担任"开路打先锋"任务的就是飞叉，它有着"打开神道，祈福迎祥，为保一方平安"的寓意。为何开路会可以作为游行队伍头档花会，排在队伍的第一位，据传有三种说法：

第一种说法是，因为他们手中飞舞的钢叉可以吓得路人纷纷后退，更重要的是飞叉的演出效果紧张刺激，再加上钢叉发出的声音会引起人们的注意，可以吸引、告知人群花会表演的队伍来了。在民间也有"无开路不成会"的说法。开路会一般都要最早赶到会场，在路上如果遇到其他表演团队，都会自觉地为他们让路，请"开路"先行。

第二种说法是，不同花会象征着庙里的不同位置，如飞叉象征着香炉里点燃的三支香，狮子象征山门左右石狮，中幡是庙门前旗杆，秧歌又称侠客木，象征庙门前做木栅栏用的木板，杠子则是庙里门闩，吵子是庙院里的钟楼，跨鼓是庙院里的鼓楼等。行走的花会就像一座流动的寺庙，接受着围观百姓的膜拜，同时也在行走中将福泽散布人间。

第三种说法是，庙会上各档花会的行进顺序也与敬神礼佛的仪式有关。"开路会"的练叉人都是一身黑色的打扮，披头散发还画着鬼脸，其装扮类似神话中的夜叉，他们手中的钢叉可以横扫一切魑魅魍魉，护佑百姓平安。有的开路会除了会供奉达摩祖师，还会供奉地藏王作为自己的保护神。在《天后宫过会图》画册中，第十八幅就提到了"叉子会"。据史料记载，叉子会是服务于抬阁会的。因为抬阁会的八架抬阁又高又大，在过城门、牌楼时都要放下来。进天后宫敬神、进出城门或遇树冠枝叶等，都得靠"叉子会"协助。据说出皇会时，都要先请叉子会，才敢请抬阁会，之后再请其他会。

开路会表演一般分为武场和文场，又称前堂、后堂。其中，文场（后堂）负责锣鼓伴奏，武场（前堂）负责飞叉表演。锣鼓喧天，钢叉飞舞，文场的喧闹更加烘托了飞叉表演精彩而热烈的氛围。在文武场的共同配合下，开路会的表演得到观众更多的掌声、叫好声。除了进行套路展示以外，开路会还会表演一些有情节的短剧，如《五鬼捉刘氏》《五鬼闹判》《目连救母》等，可惜大多都失传了。

《五鬼捉刘氏》是目前保存比较完整的飞叉短剧，也是开路会走会时的必演节目。这个节目是由传说故事改编而成的，在民间有两种不同的说法：一说，在唐代有一妇人刘氏，早年丧夫，平日和四个儿子生活。刘氏常年在家中供奉神灵，设摆神位，以祈求神灵保佑平安。但刘氏的四子相继病故，刘氏丧子哀痛，愤怒之下砸了神位。她的行为触怒阎王，阎王即派五鬼手持钢叉捉拿刘氏。由于刘氏修行多年已是半仙之体，五鬼费尽一番周折，才将刘氏送至阎王殿。二说与地藏王救母的故事有关，地藏王菩萨之母刘氏生前不敬佛祖，喜爱食鱼子，犯了很多杀生罪，因此阎王派无常带领小鬼提刘氏魂魄到阴间。虽然两个传说大相径庭，但在飞叉表演时主要展示的是五鬼捉拿刘氏的内容。表演时，装扮五鬼的演员头戴脸谱面具，手持钢叉，展示各自的独特招式。有单人耍叉、多人耍叉，再以鼓、钹、镲打击为配乐，表演过程中千姿百态，惟妙惟肖。（图3-3-1）

图3-3-1 开路会《五鬼捉刘氏》的剧妆扮相

四、北京地区开路会的情况

北京的花会始于明代，起初只是在京郊的蟠桃宫、妙峰山等特定的庙会上，才能见到花会的表演。到了清朝康熙、乾隆年间花会更为兴盛，在京城的许多庙会上都可以看到花会的表演。当时朝廷的各衙门，也都成立了各具特色的表演团队，例如兵部的杠箱会、刑部的五虎棍会、户部的秧歌会、礼部的中幡会、工部的石锁会、吏部的双石会、掌仪司的太狮会、翰林院的式架棍会，当时这些会被称为"内八档"，也叫"太和殿承差"。参与这些会的人全是衙门里的下级官吏。但由于开路飞叉的表演中有鬼的故事，怕演员们鬼的扮相使皇亲国戚受到惊吓，因此，开路会一般不能进入皇宫表演，更难有机会在皇上面前讨封号。但是在民间，开路会的表演受到大众的喜爱和欢迎。当年，北京的地安门、北新桥、安国寺、西铁营、琉璃厂、黑窑厂、东安门等地都有开路会。

新中国成立以后，随着庙会取消，一些身怀绝技的花会表演者加入了杂技团等艺术团体，在北京的街头很难见到那种行进式的表演了。花会再现是在改革开放以后，据时任崇文区文联民间花会委员会会长张加贵回忆，1983年初春，经崇文区政府同意，"万里云程"踏车老会、"协利同乐"中幡圣会、"幼童学善"秧歌圣会、"五虎腾牌"少林会、"掌礼司万寿无疆"太狮老会、"同聚公乐"云车老会六档花会，沿幸福巷、三转桥等胡同，经南岗子到文昌宫行进。这是改革开放以后京城第一次"走会"表演，引起了北京城里的极大轰动，来看热闹的群众挤得整条胡同水泄不通。1984年农历正月初一，崇文区又组织这六档花会在龙潭公园进行表演，并定名为"1984年春节民间花会联欢表演"。自此，每年春节的花会表演成为龙潭庙会的一大亮点。随着社会变迁，古老的香会演变成了现代的花会，从表演形式与表演内容上都发生了很大变化。

由于北京地区的庙会活动十分丰富，旧时北京各路花会的总数多达数千档，也活跃着很多档开路会。在命名上，北京的开路会一般采用"地名+花名+会"的形式，地名主要强调组成的村落或说明活动的地区，强调花会组织的地域性。花名一般为一些比较吉利的字眼，方便人记住，也表明了花会在行香走会时对美好生活的愿景。最后的会字，一般可以分为"老会""圣会""皇会"三种称呼："老会"是指由村落组成的会，强调组织的地缘性；"圣会"一般指具有行会性质的会，强调组织的业缘性；而"皇会"则是指该会曾经受过皇帝的封赏，强调曾经获得的荣誉。

随着社会发展，花会在庙会上所体现出的娱乐功能越来越突出。在组织庙会和花会时，人们都希望搞得热热闹闹，在表达自己的虔诚之际也尽情享乐一番，放松心情，调整劳作产生的紧张情绪。虽然随着岁月的流逝，一些老会逐渐消失在历史的长河中，但是仍然有一部分开路会保持着长久而旺盛的生命力，其主要原因是它满足了人们的精神需求，给百姓的生活增添了乐趣。对于开路会的练叉人而言，既能强身健体，又能以艺会友，更能得到人们的尊重和赞誉。因此，我们可以看到飞叉这门传统技艺依旧活跃在中华大地上（图3-4-1）。

1. 三路居村新善吉庆开路老会

三路居村的开路会有着悠久的历史，于1946年正式成立，并取名"新善

图3-4-1 妙峰山第二十七届庙会活动

吉庆",距今已有七十多年的历史。建会初期,主要有李文庭、康茂永、孟庆奎、姜桂华等骨干艺人,这也是开路会最活跃的阶段,在北京城里城外名声不断扩大。新中国成立后,由于三年困难时期等种种因素的影响,北京的很多花会都停止了。在这样艰难的条件下,三路居开路会坚持传承下来。改革开放以后,在当地政府的大力支持下,1983年由姜家兄弟姜桂华、姜桂海将开路会重整更名为"新善吉庆开路老会",于2007年被认定为首批北京市丰台区非物质文化遗产代表性项目。

2. 西铁营馨春开路会

西铁营村位于丰台区南苑乡西片,馨春开路会的前身是"新善开路会",成立于清朝末年,其第一代创始人是京城有名的"飞叉太保"李永庆。李春林、马福田等人是李永庆的得意门生,他们继承并进一步创新了李永庆的飞叉技艺,带领新善开路会活跃在各类活动的演出舞台上。1995年,李春林的次子李瑞民及其弟子钱志东、钱志杰等人在西铁营村委会的大力支持下对新善开路会进行了重整,成立了"右安门外馨春开路会",会员达到了四十余人。成立以来,馨春开路会活跃在潭柘寺、戒台寺、陶然亭、妙峰山等地,曾获得2006年丰台区首届民间花会大赛三等奖。2009年,有着百年历史的老会被正式认定为第二批北京市丰台区非物质文化遗产代表性项目。

3. 天桥京西善缘和谐开路圣会

天桥京西善缘和谐开路圣会,2011年入选北京市海淀区非物质文化遗产代表性项目。其代表性传承人物李学军,1973年12月生于北京市海淀区巴沟,自幼随父学习武术。2005年,李学军拜北京地坛体育馆教练谢锡光为师学习飞叉。谢锡光是天桥著名飞叉艺人王雨田之子王清源的徒弟。李学军的飞叉套路讲究神韵,眼、手、叉一致,叉环响声均匀,无乱迹,富有节奏,轻松舒展,显示了阳刚美、武艺美。为了增加表演的趣味性和观赏性，李学军别出心裁地将外国火棍引入了飞叉表演，还新创了25千克重、2.5米长的大叉表演。为了传承，李学军和朋友徒弟一起办了民俗艺术团，走进社区、学校等地表演飞叉。

4．顺义仁和镇吴氏飞叉

顺义仁和镇吴氏飞叉是顺义区非物质文化遗产代表性项目，代表性传承人是吴玉祥，其飞叉技艺传自顺义仁和镇念佛老会。吴氏飞叉完整地保留了开路会的各种规范，更有传统花会表演"活化石"的美称。其飞叉套路配有不同的伴奏曲牌套路。近些年来，通过传承人吴玉祥的努力，吴氏飞叉得到了恢复，并经常出现在妙峰山庙会、地坛庙会等各种花会活动之中，成为北京飞叉技艺传承中重要的一部分。

5．安外仰山众友同乐开路圣会

安外仰山众友同乐开路圣会，成立于1954年，其前身老会为朝阳区洼里乡仰山村的花会，传承于中国四大叉王之一的范立简，起源于清末，迄今已百余年历史。其代表性传承人张文礼，是老会的第四代传人，他出生于1950年，二十多岁开始跟着村里人边学边演，后来拜了花会泰斗隋少甫为师，在老会的基础上成立了安外仰山众友同乐开路圣会，并聘请铁路文工团杂技团"四大飞叉之一"的范炳强作为教练。在张文礼的带领下，开路会越办越红火，在京城花会中很有名气，创立了自己的品牌，1996年获得"第十届龙潭杯全国优秀民间花会大赛五连冠"。除了重视飞叉技艺，作为会长张文礼也十分重视传统的会礼会规。2009年4月，安外仰山众友同乐开路圣会被认定为北京市朝阳区非物质文化遗产代表性项目。

6．沁水营神叉老会

沁水营村位于大兴区长子营镇，很多村民祖上都是山西沁水人，为了不忘故里而取此名。神叉老会起源于明代观音庙和尚们锻炼身体所耍的钢叉，兴盛于清代，当时参加活动的有一百多人，不仅参加地方走会活动，也多次参加京城皇会活动。据传，清朝光绪年间的农历四月，沁水营村开路会去参加妙峰山的朝山花会，当路过颐和园的时候恰巧遇上慈禧太后在颐和园北宫门城楼上看走会，她发现该会表演的技艺精湛，备加赏识，便命差役诏进皇宫参加皇会表演。开路会参加慈禧太后六十六岁寿诞庆典活动时，名列各会之首，慈禧太后颔首赞赏之余，赐予该会一把"龙叉"和一面书有"神叉老会"四个字的旗帜。沁水营村的开路会从此名声大振。至今，沁水营神叉老会在长子营镇政府的支持下，采用集体传承的模式，依然保存了一套较为完整的飞叉表演形式，也成了当地一项具有重要历史文化价值和民俗价值的优秀传统文化项目。

五、国内其他地区的飞叉花会及飞叉流派

飞叉作为一项受人欢迎的传统技艺,深受广大群众的喜爱。除京津冀以外的地区,也称"飞叉"为"马叉"。前文提到的"开路会",是许多练叉人自发聚集在一起所形成的民间团体。他们有着较为严密的组织形式,也有比较严密的规章制度。每档花会的负责人被称为"会头""会长""把头",负责组织和协调团队排练、演出等日常安排以及服装、道具采购等各项事宜。花会的存在,从主观的视角凝聚了练叉人的共同爱好,从客观的角度,也增强了练叉人的联系,促进了他们之间技术的交流,推动了飞叉表演技艺的特色化、差异化发展。不同地域的开路会逐渐形成了特有且浓郁的地方色彩和招式特点,在飞叉圈内,常分为"京练儿""乡练儿""怯练儿"三个流派。"京练儿"是北京的飞叉风格,讲究练叉的"架门儿",规矩多,特别重视飞的环节,要求动作干净利落,叉不能触地。"乡练儿"是指京郊、河北、天津一带的飞叉杂技风格,呈现乡土特色,与北京的风格相近,但要求低一些。"怯练儿"是指南方地区的飞叉技艺,注重叉在身体各部分滚的过程,也称"滚飞叉",还有一种说法,"怯练儿"是指没有系统学习过飞叉的业余爱好者。因此,从整体风格上也可以把飞叉杂技分为南北两派。概括起来,北方讲究叉"飞"的功夫,南方讲究叉"滚"的功夫。

1. 苏桥飞叉会

苏桥飞叉会又名苏桥云叉会,活跃在河北省文安县苏桥镇。苏桥镇因宋代文学家苏洵曾在此就任官职而得名。苏桥镇地处天津、北京、保定三角之地,坐落在大清河畔的堤坝上,是著名的"水旱码头"。古时,每月初五、十五、二十五都会组织有为期三天的集市,周边地区的人都会来此赶集。热闹繁华的生活,滋生了各种文娱活动。

相传,清同治年间(1862年至1875年),通背拳名家张玉春将飞叉带到了苏桥镇,并传于靳晓轩,后靳晓轩又传给靳文斌等人。20世纪初,靳文斌承上启下,将通背拳、太极拳、花叉三项技艺融为一体,正式创办了苏桥飞叉会,成为当地最著名的文娱活动组织之一。至今,已有一百多年历史的苏桥飞叉会,仍然活跃在苏桥镇的群众花会表演活动中。2008年6月,苏桥飞叉会入选第二批国家级非物质文化遗产名录,成为首个入选国家级非物质文化遗产的飞叉表演团队。

2. 永良飞叉会

永良飞叉会,活跃在天津市武清区王庆坨镇。王庆坨镇位于"九河下梢",是天津西郊的一座百年古镇,从古至今都是经济出口贸易发展集散地,也是有名的杂技之乡。据记载,民国四年(1915年)来自武术世家的房永和,

组织了名为"庆丰叉会"的民间飞叉花会，当时深受天津地区人们喜欢，也培养出了刘仲山（艺名宝元）、苗胜春（艺名小胜春）等多名武术、杂技人才。20世纪50年代"庆丰叉会"最为兴盛，男女演员达八十余人，后因"文革"而解散，但庆丰叉会的吴国良等人没有间断练习飞叉，改革开放后复会。1993年10月1日，庆丰叉会更名为"永良飞叉会"，会长为李永明、杨树海、李盛安。

永良飞叉技艺集健身、武术、杂技、舞蹈于一身，近年来坚持改进和提升技艺，展示出了飞叉的新风姿。1999年，"永良飞叉"在第六届全国少数民族传统体育运动会表演项目中获得银牌。2008年应邀到澳大利亚参加"中华乡土艺术文化节"并获得最高演出奖。2009年，被批准为天津非物质文化遗产项目。2011年获得第九届全国少数民族传统体育运动会表演项目一等奖。2021年5月，被列入第五批国家级非物质文化遗产代表性项目名录，成为第二个入选国家级非物质文化遗产的表演团队。

3. 黄漕飞云叉会

黄漕飞云叉会，活跃于河北省廊坊市安次区葛渔城镇黄漕村。黄漕村地处廊坊市区南部，文化历史悠久，交通便利，人杰地灵。据传，飞叉在清光绪年间传入黄漕，到现在有一百二十多年的历史。飞云叉会创建于20世纪30年代，师承于永清县南五道口村飞叉艺人刘东林，至今仍保持老一辈练叉人原汁原味的技术。飞叉主要在手臂和腿上下转动，并伴随悦耳的响声。演出时随着锣鼓声起，与飞叉相互配合，更显场面雄伟壮观。

2010年4月，黄漕飞云叉会被认定为第三批河北省省级非物质文化遗产代表性项目。其代表性传承人卢克明出生于飞叉世家，祖辈、父辈都是村里的飞叉高手。他从12岁开始接触飞叉，跟随父亲和老师学习飞叉。最鼎盛时，叉会有50多名演员同时上台表演。现如今，叉会里仍活跃着十几位飞叉爱好者，他们经常自发聚集于廊坊市大小街头、公园等场地，不断研磨技艺、推陈出新。

4. 东王庄云叉会

东王庄云叉会，活跃于河北省霸州市康仙庄乡东王庄村。相传，清朝的道光年间，有个叫纪天成的人。他在皇宫御膳房做杂务，闲暇之时，模仿皇家仪仗队练习飞叉。出宫后，纪天成以此为业，在民间表演以换衣食。1856年，东王庄村民靳西谷在赶庙会时巧遇纪天成撂地表演，深为痴迷并拜纪天成为师学习飞叉。1859年出师后，靳西谷回乡创办了东王庄云叉会。飞叉受到村民的喜爱，在东王庄得到迅速发展与普及。在云叉会创建初期，为渲染其声势，助力叉技表演，造就宏大场面，东王庄村的两位才子王世友和张宝臣撰写、操练鼓乐，共计完成了108翻（段）节奏明快、复杂多变的敲打乐章。由于鼓乐演奏起伏跌宕，风驰电掣，所以也被称作"吵子"，成了东王庄飞叉表演的一大特色。

东王庄云叉会收徒多人,还帮助周边及邻县多个村建立了叉会,有力推进了飞叉技艺的传播,新中国成立后向各省市艺术团体输出人才四十余人。《飞叉之乡——东王庄》等文章曾在《人民日报》(海外版)上发表。老一辈中央领导曾多次观看飞叉表演,飞叉艺人随团出访三十多个国家和地区,屡获殊荣。2018年,入选第五批河北省省级非物质文化遗产代表性项目。

5. 安新飞叉

安新飞叉活跃在河北省保定市安新县新安镇北新村,起源于清光绪年间,以屈家为主线传承至今。新中国成立前最具代表性的传人是屈成章,人称"飞叉大王"。其侄屈少章、屈合兄弟是新中国成立后的传人,1953年代表华北区参加了第一届全国少数民族传统体育运动会,获一等奖。屈合之子屈国立是安新飞叉新一代的传承人,他练就一整套具有安新特色的飞叉动作,2014年被评为保定市市级非物质文化遗产代表性传承人。屈国立练就了具有个人特点的一整套飞叉动作,将30多个传统招式,扩充到了46个。安新飞叉具有地方特色,以动作多、单独打、速度快而著称,其动作惊险连贯,环节十分紧凑,极具观赏性,受到人们的广泛认可。

6. 武汉袁氏飞叉

从叉的重量来看,飞叉表演也可以分为轻叉、重叉。一般在舞台上表演用的都是轻叉,重量不超过2.5千克。而重叉更接近兵器钢叉的重量,约10千克,其技艺则保持了武术的动作和套路。练习重叉可以强筋壮骨,特别是在增加关节灵活度、提高抗摔打能力、加强心肺功能方面具有一定的效果,同时重叉也具有很高的观赏性。活跃在湖北省武汉市的袁氏飞叉,就属于后者。袁氏飞叉传承人叫袁明新,1951年出生,自幼热爱武术,11岁开始师从林振飞老师学习飞叉技艺,所用的飞叉有五种不同的重量,从轻到重依次为3千克、6千克、10千克、14千克和19千克,装有响铃的钢质飞叉在身上翻转自如,这也是袁氏飞叉区别于其他飞叉技艺的重要特征。2015年8月,"袁氏飞叉"入选武汉市第五批市级非物质文化遗产代表性项目名录。

7. 山东省菏泽市曹县南关马叉

早在清末,马叉这门民间艺术就传入了曹县南关,马叉舞曾经是民间艺人"跑场子"时的拿手好戏,至今已有一百多年的历史,最初还是一部分艺人养家糊口的本领。20世纪30年代,曹县就成立了马叉会,当地居民为精湛的马叉表演所折服。新中国成立后,曹县马叉会除春节外,遇有重大的庆祝活动都会上街演出。2013年,马叉舞爱好者们成立了马叉舞协会,现任会长赵广德,是南关马叉的第四代传人。曹县马叉舞的表演充分地继承和发扬了古老的原生态民间艺术,通过马叉几代传人的不懈努力,使得马叉演出不断推陈出新,经过专业老师进行舞台指导编排，使之更具有观赏性、艺术性。现在的马叉会表演已经不仅仅是能够适应行香走会的小节目，在舞台上进行表演也毫不逊色。2014年，南关马叉被评为菏泽市级非物质文化遗产代表性项目。

8. 河北省承德市下板城镇东窑马叉

下板城镇隶属于河北省承德市承德县，据当地流传下来的说法，早在辛亥革命之前，马叉这门民间艺术就传入了承德县下板城镇东窑村，至今已有二百多年的历史。新中国成立后，东窑马叉会除春节外，遇有重大的庆祝活动都会上街演出。后来受种种因素影响，马叉会一度销声匿迹。直到20世纪80年代，马叉会经东窑村群众重新拾起，队伍逐渐壮大。田玉成就是重新拾起这门艺术的艺人之一，马叉的第六代传人。东窑马叉入选承德市非物质文化遗产后，2019年又入选河北省第七批省级非物质文化遗产代表性项目评审推荐名单。

9. 山东省菏泽市鄄城县彭楼镇什李马叉

鄄城地处黄河之滨，历史悠久，物产丰富，民风淳朴。据传什李马叉，已相传五十余代。数百年前，先民从山西洪洞县移居至此，十余户皆姓李，因而得名什李村。李氏先祖李元春酷爱大洪拳和狮舞，一次表演时现场观众太多，但场地很小，于是他拿出自己练习的钢叉做了一个鹞子冲天的动作，钢叉腾空而起，惊得观众四处躲避。于是李元春有了灵感，让铁匠把钢叉砸扁，在底部套上两个铜片，舞动钢叉时两个铜片发出咣当清脆的声音，增添了表演的气势和威力。目前，以李振红为队长的马叉队在老艺人世代相传的基础上进行了改进和创新，入选了菏泽市非物质文化遗产项目。

10. 浙江省金华市浦江县仙华滚飞叉

浦江县位于浙江省中部，隶属浙江省金华市。滚飞叉是具有浦江地方特色的民间体育艺术活动项目，金华市非物质文化遗产项目。原为清朝年间罗汉班的辅助表演项目，传说能除魔驱鬼，锁妖辟邪，现为中老年用来强身健体的项目。仙华滚飞叉队创新了灵猫摆尾、金龙盘身、飞燕归巢等30多个动作。其灵巧刚毅的表演，赢得了广大观众的赞誉。

11. 无锡市马叉舞

无锡的马叉舞，据传始于清朝，至今已有三百多年历史。据老人们回忆，当地凡是举行庙会的时候，必有马叉舞队开道，以辟邪镇怪。2010年，宜兴市太华镇文化站、无锡市滨湖区荣巷街道勤新社区的马叉舞同时入选了无锡市非物质文化遗产项目，也是无锡"非遗"文化中少有的属于尚武风格的项目。

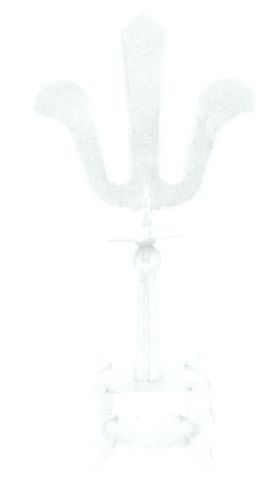

第四章

非遗：开路会的保护与传承

一、何为非物质文化遗产

"文化"一词来源自《易经》的《贲卦·彖传》,"观乎天文,以察时变,观乎人文,以化成天下",意思是观察天地运行的规律,以认知时节的变化;注重伦理道德,用教化推广于天下。从哲学意义上讲,文化是指相对于经济、政治而言的人类全部精神活动及其产品。我们可以把文化理解为是一种社会现象,它是人类长期创造形成的产物,同时也是一种历史现象,是人类社会与历史的积淀物。

"文化遗产"是具有历史、艺术和科学价值的文物,是历史留给人类的宝贵财富。1972年,联合国教科文组织通过了《保护世界文化和自然遗产公约》,一些可以看得见的古建筑、古遗迹、艺术品以物质的形态存在,容易直观地引起人们的重视,这些文化遗产都得到了有效的保护。然而"无形"的非物质文化遗产与"有形"的物质文化遗产,都是人类用劳动和智慧所创造出来的历史瑰宝,它们有如"一枚硬币的两面",共同构成了弥足珍贵的人类文化遗产。随着社会的发展,一些专家学者发现有些看不见的历史文物,如音乐、戏剧、手工艺术等具有珍贵价值的文化遗产也在逐渐消失,同样亟待人们的关注和保护。如何保护这些无形的非物质文化遗产也成了人们思考的重要问题。相比有形的物质文化遗产,非物质文化遗产从某种程度上更为脆弱,它是具有民族历史积淀的民间文化遗产,但却只能通过口头或动作相传。

从世界层面上来看,"非物质文化遗产"被誉为历史文化的"活化石",它不仅是"民族记忆的背影",更是全体人类共同的宝藏。1997年,联合国教科文组织通过《人类口头和非物质遗产代表作》决议。2003年,第32届联合国教科文组织大会上通过了《保护非物质文化遗产公约》。"非物质文化遗产"作为一个与"物质文化遗产"相对应的概念,是指被各社区群体(有时为个人)视为其文化遗产组成部分的各种社会实践、观念表达、表现形式、知识、技能及相关的工具、实物、手工艺品和文化场所。在《保护非物质文化遗产公约》中,非物质文化遗产指:口头传统和表现形式,包括作为非物质文化遗产媒介的语言、表演艺术。社会实践、仪式、节庆活动。有关自然界和宇宙的知识和实践,传统手工艺等五个方面的内容。

从国家层面上来看,文化是一个国家、一个民族的灵魂。保护好非物质文化遗产可以提升人们对所属文化的认同感,从而增强对文化多样性和人类创造力的尊重意识。中华文明有着五千多年的历史,从黄帝炎帝的传说,到上古时代的尧、舜、禹,从秦皇汉武到康乾盛世,一辈辈勤劳勇敢的中华儿女,为我们留下无数的文化遗产。这些"有形"和"无形"的文化遗产,共同见证了五千年文明史上中华民族的起伏跌宕,它们是中华民族智慧与文明的结晶,是联结民族情感的纽带,是维系国家统一的基础。这些文化遗产,凝结着我们共同的民族基因、文化血脉,建立起属于我们共同的"精神家园"。

然而，对于中华传统文化续存的问题，在刚刚过去的一百年里存在着各种各样的声音。20世纪初期，新文化运动对传统文化的批判和反抗；改革开放后，市场经济的发展又对传统文化带来巨大的冲击。百年来，糟粕还是精华？保护还是破坏？颠覆还是继承？在争论中，许多非物质文化遗产渐渐走向了消亡的边缘。2004年，中国加入联合国教科文组织《保护非物质文化遗产公约》，从国家层面正式开启了非物质文化遗产保护工作。此时，我们在新世纪的起点上，站在国家文化战略视角，站在提升国家文化软实力的高度，回望我们上下五千多年的璀璨文化，反思过去的得与失，对非物质文化遗产续存的问题给出了坚定的答案。

党的十八大以来，党和国家更加重视中国特色社会主义文化建设，大力传承中华优秀传统文化、赋予中华优秀传统文化时代内涵，将中华优秀传统文化提升到崭新阶段，有力地凝聚了民族精神，得到全世界中华儿女的高度认同。正是在全社会的共同努力下，我国文化遗产保护取得了明显成效，一批珍贵、濒危和具有重要价值的非物质文化遗产得到有效保护，社会广泛参与、人人保护传承的生动局面初步形成。

从政策法规层面来看，2005年，国务院先后颁布了《关于加强我国非物质文化遗产保护工作的意见》《关于加强文化遗产保护的通知》，强调了充分认识保护文化遗产的重要性和紧迫性，明确了加强文化遗产保护的指导思想、基本方针和总体目标，指出了文化遗产包括物质文化遗产和非物质文化遗产，并就积极推进非物质文化遗产保护提出了工作要求，明确了"国家、省、市、县"四级非物质文化遗产保护体系，提出了开展非物质文化遗产普查工作、制定非物质文化遗产保护规划、抢救珍贵非物质文化遗产、建立非物质文化遗产名录体系、加强少数民族文化遗产和文化生态区的保护等五项保护非物质文化遗产的举措。

2011年，我国公布并实施了《中华人民共和国非物质文化遗产法》。这部法律的制定，迈出了我国非物质文化遗产保护工作从认识走向实践的坚实的一步，具有基础性和全局性的作用，将非物质文化遗产保护的方针政策上升为法律制度，将各级政府部门保护非物质文化遗产的职责上升为法律责任，为非物质文化遗产保护政策的长期实施和有效运行提供了坚实保障。这部法律共有六章四十五条，包括总则、非物质文化遗产的调查、代表性项目名录、传承与传播、法律责任等内容。

《中华人民共和国非物质文化遗产法》明确界定了非物质文化遗产的内涵，是指各族人民世代相传并视为其文化遗产组成部分的各种传统文化表现形式，以及与传统文化表现形式相关的实物和场所。具体包括：传统口头文学以及作为其载体的语言；传统美术、书法、音乐、舞蹈、戏剧、曲艺和杂技；传统技艺、医药和历法；传统礼仪、节庆等民俗；传统体育和游艺；其他非物质文化遗产等六个方面。这部法律，将"保存"和"保护"进行了区分，对于所有的非物质文化遗产都要进行记录并予以保存，而对于能够体现中华民族优秀传统文化的非物质文化遗产要进行传承、传播。这既体现了对人类创造非物质文化遗产的尊重，也明确了要弘扬中华优秀传统文化的立场和态度。同时，法律还提出了指导非物质文化遗产保护工作的两大原则：一是保护非物质文化遗产，应当注重其真实性、整体性和传承性；二是保护非物质文化遗产应当有利于增强中华民族的文化认同，有利于维护国家统一和民族团结，有利于促进社会和谐和可持续发展。

《中华人民共和国非物质文化遗产法》的出台，体现了中国作为联合国《保护非物质文化遗产公约》发起国、缔约国的职责与担当。同时也体现出作为非物质文化遗产大国在存续文化多样性，维护文化安全方面的决心和意志。这部法律不仅在工作层面上为"非遗"的保护、保存提供了强大的法律保障，而且从政治层面来理解，保护非物质文化遗产"有利于增强中华民族的文化认同，有利于维护国家统一和民族团结，有利于促进社会和谐和可持续发展"，具有非常重大而深远的意义。

2021年，中国实现了第一个百年奋斗目标，全面建成了小康社会，向着全面建成社会主义现代化强国的第二个百年奋斗目标迈进。此时，非物质文化遗产保护工作也将迎来新的历史使命和艰巨任务，中共中央办公厅、国务院办公厅联合印发《关于进一步加强非物质文化遗产保护工作的意见》，提出了"以习近平新时代中国特色社会主义思想为指导，深入贯彻党的十九大和十九届二中、三中、四中、五中全会精神，坚持以社会主义核心价值观为引领，坚持创造性转化、创新性发展，坚守中华文化立场、传承中华文化基因，贯彻'保护为主、抢救第一、合理利用、传承发展'的工作方针，深入实施非物质文化遗产传承发展工程，切实提升非物质文化遗产系统性保护水平，为全面建设社会主义现代化国家提供精神力量"的指导思想。它准确地把握新时代非物质文化遗产保护的历史方位和重大意义，充分吸纳和体现近年来非物质文化遗产保护形成的一系列行之有效的经验和做法，从坚定文化自信、实现中华民族伟大复兴中国梦的全局和战略高度，明确提出当前和今后一段时期非物质文化遗产保护的总体目标和主要任务，是做好新时代非物质文化遗产保护工作的纲领性文件。

从具体的工作层面来看，2005年6月，我国开展了非物质文化遗产普查工作，全面了解和掌握各地各民族非物质文化遗产的种类、数量、分布状况、生存环境、保护现状和存在的问题。从2006年起将每年6月的第二个星期六设立为"文化遗产日"，2016年调整为"文化和自然遗产日"。从2018年起，连续四年"文化和自然遗产日"的主题与非物质文化遗产保护相关，分别为"多彩非遗，美好生活""非遗保护，中国实践""非遗传承进万家，健康生活你我他""人民的非遗，人民共享"。2010年起，每隔两年，在山东举办中国非物质文化遗产博览会。通过这些活动，有效地增进了广大群众对非物质文化遗产的了解和认识。

从2006年起,我国先后公布了五批国家级非物质文化遗产名录。截至2021年,共计收录全国各地非物质文化遗产项目1557项。其中,第一批国家级非物质文化遗产名录,包括白蛇传传说、阿诗玛、苏州评弹、凤阳花鼓、杨柳青木版年画等518项。2008年6月公布了第二批国家级非物质文化遗产名录,包括高邮民歌、陕北民歌等510项,同时公布了国家级非物质文化遗产扩展项目名录147项。2011年6月公布了第三批国家级非物质文化遗产名录,包括弥渡民歌、翼城琴书等共191项,以及扩展项目名录164项。2014年7月公布第四批国家级非物质文化遗产代表性项目名录,其中新入选卢沟桥传说、鬼谷子传说等153项,扩展项目153项。2021年6月10日,第五批国家级非物质文化遗产代表性项目名录发布,包括包公故事、苏北大鼓、哈萨克族刺绣等185项,扩展项目140项。

近年来,我国非物质文化遗产保护工作全面展开,取得了显著的成就。截至2020年底,昆曲、中国书法、南京云锦织造技艺、宣纸传统制作技艺、中医针灸、太极拳、端午节、二十四节气等42个项目入选联合国教科文组织非物质文化遗产名录,是世界上入选"非遗"项目最多的国家。目前,我国的非物质文化遗产保护的工作机制已经逐步建立完善,经费投入逐渐增加,已由以往单项选择性的项目保护,逐步走向全国整体性、系统性的全面保护阶段。在今天的中国,非物质文化遗产的保护意识日益深入人心,通过一系列的活动和保护措施,进一步增进社会公众,特别是年轻一代参与非物质文化遗产保护的文化自觉。

二、飞叉保护的现状及困境

飞叉是老百姓喜闻乐见的娱乐表演项目,也是民俗活动中最能够活跃气氛的节目,更是庙会上不可缺少的开路先锋。飞叉来源于百姓的生活之中,冰冷的钢叉与心灵手巧、勤劳勇敢的中华儿女碰撞在一起,与武术、舞蹈、杂技、戏曲等多种艺术形式融合,再加之历史长河的荡涤,竟产生了如此惊艳的火花。在这样的碰撞中,我们能感受到飞叉的技艺美,更能体会到中华民族坚忍不拔、乐观豁达的精神品质。由此,我们可以坚定地认为,飞叉是中华传统文化的组成部分,也是丰富的中华非物质文化遗产宝库中一支瑰丽的奇葩。

在非物质文化遗产目录中,飞叉归属于"传统体育、游艺与杂技"类。其申报非物质文化遗产的过程,是由公民、企事业单位、社会组织等根据逐级申报的原则,向单位或居住地所在区非物质文化遗产保护中心提出申报非物质文化遗产项目的申请。根据2021年10月,在百度搜索引擎上以"飞叉"(或"马叉")和"非物质文化遗产"两个关键词进行检索的情况来看,目前,可以检索到18项列入非物质文化遗产名录的飞叉,其中,国家级非物质文化遗产2项,分别是河北省苏桥飞叉会、天津市永良飞叉;省级非物质文化遗产3项,均在河北省,分别是黄漕飞云叉会、东王庄云叉会、承德市东窑马叉;市级非物质文化遗产9项,分别是银川市传统杂技飞叉、武汉市袁氏飞叉、沧州市吴桥杂技飞叉、保定市安新飞叉、菏泽市南关马叉、菏泽市什李马叉、金华市浦江飞叉、无锡市太华马叉舞、无锡市荣港马叉舞;区级非物质文化遗产6项,均在北京市,分别是丰台区西铁营馨春开路会、丰台区三路居村新善吉庆开路老会、海淀区天桥京西善缘和谐开路圣会、顺义区仁和镇吴氏飞叉、朝阳区安外仰山众友同乐开路圣会、大兴区沁水营神叉老会。

从飞叉入选非物质文化遗产保护项目的情况,我们也可以看出,飞叉作为被广大民众所创造出的一项中华优秀传统民俗文化项目,在祖国的大江南北都得到了充分的认可,并在近些年得到了有效的保护,在"国家、省、市、县(区)"四级保护体系中均可以找到飞叉的身影。从分布区域来看,飞叉主要流行于京津冀地区,其命名形式多数为"地名+飞叉"。这也说明飞叉是一项具有较强地域性特点的民俗技艺,它植根于当地老百姓的文化生活之中,其存在、发展和演变与各地经济社会的发展有着密切的联系。

借助互联网,我们可以查阅到许多与飞叉和开路会相关的文字资料,特别是通过一些新闻采访,我们可以进一步了解到飞叉的整体发展脉络呈波浪状前行,经历了"从民间走向专业,再从专业走回民间"的发展过程。它的兴起、繁荣都在封建社会,庙会等丰富多彩的民俗活动为飞叉提供了极佳的展示舞台。近代以来,中国历史的重大变革也影响了飞叉的发展,使之逐渐走向衰落。新中国成立后,随着社会主义经济建设和文化建设的有序推进,飞叉重新回到了人们的视野中,王雨田、王清源、张顺全等人将飞叉带进了专业院团,使之成为杂技节目。正是因为专业演员的加入,使这项古老的民俗技艺转变成为舞台上的文艺作品,使其表演技艺得到了进一步的规范,在继承和发掘飞叉独特艺术精华的同时,也摒弃了其中的一些糟粕,使其艺术性、观赏性得到了提升。从民间走向专业,使飞叉进入了新的发展阶段。但在民间,随着中国从农业文明向工业文明的转化,飞叉的传承和发展遇到更多的阻力。20世纪末,随着中国特色社会主义文化的繁荣兴盛,中华优秀传统文化的传承得到重视,非物质文化遗产保护工作有效开展,随着庙会等民俗活动的恢复,民间花会重新活跃起来,飞叉也从专业舞台上回到老百姓的生活中,古老的飞叉迎来新的发展契机,走上了一条复兴之路。

传承人在"非遗"的传承发展中具有举足轻重的地位。我们在为飞叉这项古老的民间技艺重获新生而感到欣慰的同时,也在许多飞叉传承人的采访中感受到一丝担忧。在很多关于飞叉新闻报道的最后一段,经常可以听到的是传承人的叹息,特别是在谈到"接班人"问题时都各有各的苦衷。国家级非物质文化遗产的苏桥飞叉会所在地的年轻人很少愿意学习飞叉,因为相比外出打工而言，学习飞叉不能带来丰厚的经济收入。黄漕飞叉的传承人卢克明，回忆黄漕飞叉的鼎盛时期，一场演出就有50个演员，可现在只剩下10多个，最小的都已经30多岁了。而且现在人们的娱乐方式多了，村里的演出少了。每个人都要养家糊口，他们只能每周集中练习一次。他经常义务教孩子们练习飞叉，但说到收徒时，却十分谨慎，因为传承飞叉技艺需要10多年的刻苦训练，他担心年轻人没有耐心，吃不了苦，容易半途而废。安新飞叉的传承人屈国立，曾经有过让飞叉技艺走进中小学体育课堂的想法，但由于飞叉的技艺难度大、有危险性而未能实施。

确实，飞叉表演存在一定的危险性，且需要长期的刻苦训练才能熟练表演，再加上随着农村经济的发展，演出收入较低，飞叉在传承上面临着"不好学、没人学"的困境。飞叉的传承只有通过师父带徒弟口传心授、勤学苦练的方式进行，也导致了青黄不接、后备力量不足的困境。原本是全村人共同的"开路会"，现在却成了仅在一家人的"绝活"。仅仅依靠血缘关系和代际关系来维持传承，飞叉也面临着或是子承父业，或是人亡艺绝的尴尬局面。当我们看到飞叉技艺走进新繁荣的同时，更不能忽略它背后所面临的传承链条非常脆弱的困境。然而，这样的困境一方面是由飞叉的一些"特性"造成的，但细究其背后的原因，却更加值得我们深思。

随着全球化时代的到来，在市场经济大潮的冲击下，现代化进程也进一步加快，农村城镇化发展改变了传统民俗文化所依赖的地理环境和文化空间，给它们带来不同程度的损毁。遇到了这样的境遇，许多传统民俗文化的利益相关者，一方面在关心传统民俗文化的续存，另一方面也在担忧自己的经济来源。随着商品交易、交通运输、文化传播等方式的改变，加剧了城市文化对传统民俗文化的侵蚀，甚至加速了传统民俗文化的消亡。再加上文化多元化的冲击，可供人们选择的娱乐、休闲项目越来越多，使得像飞叉这样的传统民俗对我们的影响变得更加微小。人们的生活方式发生了显著的改变，才使得飞叉和开路会这些原本是人们喜闻乐见的民俗活动日益远离了百姓日常生活，这是导致飞叉传承遭遇困境的客观原因。

对飞叉技艺的保护是在保护传统民俗文化的艺术价值，同时我们也要关注到开路会所蕴含的丰富的社会功能和人文属性。开路会作为练叉人的群体组织，它并不是一个具有共同信仰的宗教团体，也不是一个为了解决生计问题而组成的工作团队，它更像是一群有着共同爱好的朋友伙伴而组成的社团，若干个喜欢练叉的个体，聚集成了一个更有力量的集体。它犹如一条条纽带，为练叉人提供了相互交流的平台，进一步促进了飞叉技艺的多样化发展。它的统一管理和规矩纪律也为飞叉的发展提供了有效的保障。更重要的是，它建立起了一座桥梁，有机地连接了"飞叉"和"社会"，它所组织的行香走会等演出形式，不仅为飞叉提供了更广阔的发展空间，更增进了与活动相关的百姓间的团结与凝聚。

开路会也同样面临着发展的困局。北京的安外仰山众友同乐开路圣会的传承人张文礼在接受采访时表示，随着北京城改造变迁，一些乡村拆迁搬走，开路会人员很难聚齐，面临着四分五散的局面，无法像以往一样随时训练、组织走庙会，民间花会的生态遭到破坏。即便是国家级非物质文化遗产的苏桥飞叉会，由于其表演团队全部由农民组成，在农闲季节训练时有不少人外出从事商业贸易和劳动力输出，也会出现无法组织训练和开展活动的困境。由此可以看出人们在生产方式、生活习惯、价值观念等方面的改变，导致开路会在发展过程中受到乡村城镇化、城市文化冲击等客观因素的严重影响。

历史前进的车轮不会逆转，飞叉和众多民俗文化一样，被裹挟在市场经济的大潮中，商品化的趋势使飞叉在传承和发展上面临着一些新的问题。现在，除了在庙会等民俗活动上可以看到飞叉表演，我们还能够在一些商业演出或者旅游景点看到它的展示。商业性的演出活动，有效地扩大了社会对这项古老技艺的认知和了解，为飞叉的发展提供了新的空间，但也带来了新的影响。飞叉原本是一项来源于老百姓日常生活形态的艺术，具有乡土气息的生活空间才是其艺术创作的深厚土壤。民间艺人作为技艺创造者，主导着飞叉技艺以及开路会的发展。随着市场这只"看不见的手"的介入，飞叉艺术脱离了原有的创作土壤，在商品化趋势的影响下，在"城市文化"和"高雅艺术"的冲击下，在游客们的叫好声中，在这种过度热情的带动下，娱乐性和商品化成了飞叉技艺前行的"指挥棒"。练叉人的主导地位渐渐被市场所吞噬，而市场也转变成飞叉技艺发展新的主导者。这导致飞叉为了迎合市场，而抹去了率直的乡土气息，丢掉历史所赋予的文化底蕴，丧失了原有品格和特色，朝着可以换取更多金钱的方向前进，从而使飞叉这种民间艺术沦为了旅游业的附属品。商业化的开发有如在为原本就已经虚弱的民俗文化"吸氧输血"，在某种程度上造成了飞叉技艺表面的繁荣，并没有从根本上解决飞叉技艺的"造血机能"，更让它们变成了温水中的青蛙，丧失了危机意识。一旦不再受市场追捧，那么等待它的只有消亡。因此，我们必须清楚地认识到，商品化的趋势对于飞叉等民俗文化发展是一把"双刃剑"，单纯依赖商业手段促进飞叉的发展，代替对非物质文化遗产的保护是非常危险的。

三、关于保护飞叉的思考

谈到保护飞叉的思路，我们还是要回到"非物质文化遗产"这个词上面。"非"这个字说明了它与"物质文化遗产"最根本的不同，非物质文化遗产是一种有着鲜活"生命"的文化遗产。试想一下，如果飞叉技艺已经无人能继续传承，只能保存在视频或者照片里，供人在图书馆和博物馆中欣赏查阅，那这样的非物质文化遗产和毫无生气的古代遗迹还有什么区别呢？因此，做好飞叉的保护，不是简单地记录，而"人"才是非物质文化遗产保护最需要优先考虑的问题。当然，这里的"人"不是指具体的某一位传承人，而是强调要从"人"的视角去思考，全面地保护"传承人"所掌握的知识、技艺以及其所蕴含的人文精神。

做好飞叉和开路会的保护，首先要正视经济社会发展的客观现实，如今这项传统技艺所依赖的生活场景已经逐渐成为我们对过去生活的历史记忆。工业化、现代化、城镇化时代的到来已经不可逆转，我们不能再退回到农耕文明的时代，更不可能去冻结历史，或者开辟一个不受世事影响的世外桃源。如果我们为了保护飞叉，仅将其从当前社会中抽离，那就如同将鲜活的花朵放入到"防腐剂"中，在保鲜的同时，却扼杀了它的生命，阻止了飞叉技艺的发展。因此，我们必须找到一些途径，在保护飞叉技艺和开路会的同时，可以让它们在新的社会环境中得以存续，寻找到新的坐标点。关于飞叉的保护，我们可以尝试从"形"和"魂"两个方面出发。

从"形"出发，注重非物质文化遗产的艺术价值，就是要留好飞叉和开路会的原始标本，保护好有待传承的技艺。原汁原味保留好非物质文化遗产的现状，是开展飞叉保护工作的第一步，也为后续做好传承工作打下坚实的基础。随着经济社会的发展和时间的推移，许多传承人和他的飞叉技艺变得越来越脆弱，特别是一些年纪较大的传承人，他们一旦陨落在历史长河中，就会产生不可逆转的巨大损失。因此，我们要尽可能完整地搜集整理飞叉以及开路会传承现状的资料，相当于与时间的赛跑。我们可以通过影、音、画等数字化、多媒体手段，尽可能翔实、完整地记录飞叉招式以及演出、训练等各种场景的资料。由于飞叉技艺产生于百姓的日常生活之中，如果条件允许，我们也可以适当记录一些传承人的生活场景，这样可以更为全面地对飞叉的"现状"进行固化，以便后续开展研究。

从"魂"出发，关注飞叉和开路会所蕴含的社会功能和人文价值。我们可以采用由点到面的方法对非物质文化遗产进行系统梳理和研究。从点的层面入手，主要是关注传承人的个人经历、情感故事。可以通过采访、整理口述历史等形式来充分挖掘他们在技艺背后所经历的心路历程，记录他们在成长过程中的生动细节，感受飞叉所蕴含的人文精神。优秀的传承者有如飞叉发展历程中的一座座"里程碑"，正是因为有了他们，飞叉技艺才会在中华民族的艺海之林中迸发出绚丽的芳华。从面的层面入手，主要是关注开路会的发展变化，开路会作为练叉人的集体组织，是他们共同的"精神家园"，其发展历程更容易受到社会基础、经济基础、地域文化变化所带来的冲击。我们可以将一些重大历史事件，如新中国成立、改革开放，作为研究的时间节点，采用对比分析等方式，研究经济社会的变化以及百姓文化生活的变迁对非物质文化遗产传承和发展产生的影响。从"点"到"面"，从个体到集体，从时间到空间，多个维度深入研究，进而梳理出一条飞叉技艺从"形"到"魂"的非物质文化遗产发展脉络，为更好地总结飞叉的传承规律奠定基础。

四、关于传承飞叉的思考

文化是一个国家的灵魂，是一个民族的根，既代表着一个国家的软实力，也是一个民族受到全世界尊敬的硬支撑。中华文明留下的传统文化瑰宝，不仅是我们共同的宝贵记忆，更是凝聚亿万华夏儿女的精神纽带。文化的生命力就在于要不断去维护、去宣传，如何让文化走入我们的日常生活中，增强国民对中华优秀传统文化的认同感与责任感？如何使中华优秀传统文化在新时代绽放新的光彩？在党的十九大报告中，给出了"创造性转化、创新性发展"的明确思路，这也是对我们开展非物质文化遗产保护工作提出了新的要求。

保存样本是保护非物质文化遗产最基本的方法，也是首要任务。一旦非物质文化遗产资源出现了濒危的困境，不能以活态形式继续传承，这样的保护至少能固化它在某一时刻的静态成就，为我们留下一段完整的技艺，并为其有朝一日可以得到恢复保留了一粒珍贵的种子。然而，一旦失去了活态性、传承性等特征，陈列在博物馆或是记录在历史文献中的"飞叉"，脱离了技艺高超的练叉人，脱离了人头攒动的观众，没有了钢叉飞舞，没有锣鼓喧天，那它还真的是我们的非物质文化遗产吗？因此，保护对于飞叉技艺的延续来讲只能是被动的，只有通过恢复它自身的"造血机能"，才能让它鲜活地传承和发展下去，这才是我们的根本目的。

飞叉源自百姓的日常生活之中，然而面对经济社会的飞速发展，面对现代化、城镇化对民俗技艺的强烈冲击，面对市场经济对传统文化的巨大影响，它的续存问题，不仅仅是某个人或是某个群体的个体意志，它所反映的是整个社会对历史和传统文化的记忆和认同。近年来，随着我国非物质文化遗产保护工作的全面开展，飞叉的传承和发展迎来新的契机。然而，推动飞叉的创造性转化和创新性发展，绝不是传承人和传承群体自己的事情，而是需要政府、社会、传承人三个维度共同努力。

首先，我们来看政府维度。政府在飞叉的传承中采用了自上而下的方式，发挥着主导作用。从国家政策的宏观层面上看，2005年以来，我国正式启动了非物质文化遗产的保护工作，党和国家高度重视，先后出台了《关于加强我国非物质文化遗产保护工作的意见》《中华人民共和国非物质文化遗产法》《关于进一步加强非物质文化遗产保护工作的意见》等一系列法规政策，做好非物质文化遗产资源普查工作，建立并完善了非物质文化遗产目录体系、代表性传承人制度等工作体系。目前，我国的非物质文化遗产保护工作定位明晰、方向明确、措施具体，也取得了斐然的成绩。单从飞叉来看，就有十几种来自不同地区的飞叉，在国家、省、市、区四级的非物质文化遗产目录中都有入选，并得到了有效的保护。

从具体实践的层面来看，各级地方政府在飞叉的传承上，应该充分发挥主导者的作用。一是要把准非物质文化遗产传承的方向问题，进一步规范民俗活动，使之与中国特色社会主义先进文化的前进方向保持一致，符合社会主义核心价值观的导向。要在传承过程中，引领飞叉在传承技艺的同时，挖掘其蕴含的固本培元、积极向上的精神价值，铸牢中华民族共同体意识。二是要践行以人民为中心的发展思想，心怀"国之大者"，探索非物质文化遗产贴近时代、贴近生活的传承方式。要充分重视民俗活动对于人民生活的重要意义，充分利用好重大庆祝活动、传统节假日等重要节点，为飞叉等传统民俗文化搭建更多展示的空间。同时要加大传承人的培训、教育以及经费等扶持力度，通过组织研修研习培训班等形式，进一步提高传承人的文化修养和传承能力。三是要增进国民对非物质文化遗产的认识。近年来，人们对非物质文化遗产的认识越来越明晰，但是对许多具体的项目，却还十分陌生。特别是在青少年人群中，知道非物质文化遗产的人很多，但真正了解非物质文化遗产的人并不多，喜爱、热爱并积极参与其中的人就更少。如何鼓励、激励非物质文化遗产走进社区、走进学校、走进百姓的日常生活，让更多人群参与到非物质文化遗产的具体活动中，是政府需要积极思考的问题。四是做到关注非物质文化遗产传承与经济社会发展同向同行，要从整体的角度多方位考虑飞叉项目所赖以生存的文化环境，积极引导社会力量参与飞叉等传统民俗文化的传承，借此实现文化遗产向政治经济资源的转化，同时也要避免出现大包大揽"办文化"的局面。五是要树立风险意识，进一步规范民俗活动，警惕民俗文化中的一些不良影响，注意防范群体性活动中隐藏的诸多安全问题。

接下来，我们来从社会的维度，来思考飞叉的传承。社会是非物质文化遗产传承的重要参与者。在这一层面上，对于飞叉的发展，首先就是要协助它跟随社会发展的脚步，适应和融入当前人民群众的社会生活，才能真正实现非物质文化遗产的传承和保护。在有效保护的前提下，适当地对非物质文化遗产资源进行开发利用，可以为飞叉技艺提供更加宽广的舞台。2012年，文化部出台了《关于加强非物质文化遗产生产性保护的指导意见》，正式提出了生产性保护这个概念，它是指在具有生产性质的实践过程中，以保持非物质文化遗产的真实性、整体性和传承性为核心，以有效传承非物质文化遗产技艺为前提，借助生产、流通、销售等手段将非物质文化遗产及其资源转化为文化产品的保护方式。

"文化搭台，经济唱戏"就是社会层面保护非物质文化遗产的生动实践。以北京市门头沟区的妙峰山传统民俗庙会为例，妙峰山庙会每年农历的四月初一到四月十五举办，它有着三百多年的历史，曾经是北京乃至整个华北地区规模最大的庙会，是一种古老的传统民俗文化活动。在这里集合了丰富多彩的民俗表演项目，有开路、五虎、中幡、高跷、秧歌、文场、旱船等近50档花会，朝顶进香、酬山赛会进行表演。庙会把观赏妙峰金顶自然风光与亲临热闹非凡的集市活动融为一体，吸引了大量游客来参加这场民俗文化盛宴。妙峰山庙会搭建了非物质文化遗产交流和展示的平台，促进了各档花会的发展，也展现了非物质文化遗产所蕴含的市场价值，带动了当地旅游、餐饮、交通等行业的发展。这种方式将飞叉技艺带回到了它的原生场景之中，有效地恢复了非物质文化遗产的原貌。

近年来，文化创意产业在中国大地上的迅猛发展，将飞叉这种古老的技艺融合到文化创意产业之中，从社会层面为飞叉的传承和发展带来了新路径。文化创意产业是在市场经济和经济全球化背景下诞生的朝阳产业，其核心是人的创造力，将原有的文化资源通过新创意的改造，使之更好地融入百姓的现实需求之中。非物质文化遗产的传承与发展，也需要更好地融入民众的生活中，只有获得民众更多的认同感才能确保它有序传承和不断发展。从这个层面来看，非物质文化遗产传承和发展的需求与文化创意产业的生产过程，二者之间有着较高的相似度。在文化创意产业的融合发展中，飞叉可以作为一种文化资源，通过文化创意产业的创意和加工，形成一系列"飞叉+"文化创意产品。例如："飞叉+玩偶"，设计一系列摆出飞叉招式的可爱玩偶，可以供孩子们收藏和把玩；"飞叉+工美"，飞叉的叉头有着驱邪避害的美好寓意，在叉头形状的基础上进行工艺美术创作，可以设计为精美的家居工艺摆件；"飞叉+动漫"，创作以飞叉为题材的动漫作品，讲述非物质文化遗产的历史故事，或者推出社交聊天中的动态表情……这些深受大众喜爱的文化创意产品虽然不能直接传承飞叉的技艺，却有效地拓展了飞叉的实用价值，使民众特别是青少年人群，对飞叉有了进一步的了解和认知，增进他们对这项古老技艺的认同感，为飞叉的传承和发展厚植土壤。同时通过这种方式参与文化创意产品的生产和销售，也会为飞叉带来一定的经济收益，进而也促进了这项非物质文化遗产的传承和保护。

最后我们再从"传承人"的视角来思考一下。传承人作为主体，是飞叉传承链条中最关键的一环。传承人强，则飞叉会呈现出传承和发展的良好势态；传承人弱，则会出现人才断流、技艺失传的困境。充分发挥传承人的主观能动性，才是促进飞叉技艺传承和发展最根本的动力。站在传承人的视角上，我们可以从前、后、内、外四个角度，来对飞叉的传承和发展进行思考。

向前看，守护好前辈留给我们的丰富遗产，使之顺应新时代发展的新要求。作为传承人要树立起责任感和使命感，守护好自己的飞叉技艺，坚持日常训练，追求精益求精。一方面，对于已经掌握的"家底"要做到了如指掌，并且对飞叉招式和传统节目要妥善记录和分类整理，把脑子里的"软件"尽快转化成为有文字、有图像记载的"硬件"。另一方面，要积极对一些已经失传的招式、节目，进行挖掘恢复，可以通过查阅文献资料、采访长辈等形式尽可能地进行恢复。对于开路会的传承和发展，要积极总结自身的特点和特色，思考与其他门派飞叉的差异性，避免不同飞叉表演派系的同质化发展。同时，也及时做好一些基础工作，留存好图文档案，例如：建立"大事记"，详细记录组织活动的相关情况。有条件的，还可以邀请学者、专业人士介入，共同参与到开路会的保护工作中，对历史情况、传承脉络、规矩套路、规章制度等方面进行系统梳理和研究。

向后看,规划好飞叉技艺的未来。传承人的前瞻性决定飞叉技艺传承和发展的深度和广度。因此,要不断加强自身的学习,不仅要成为飞叉技术的领头人,更要成为非物质文化遗产传承的领路人。要坚定理想信念,提高站位,站在传承优秀传统文化的高度上去思考飞叉的传承和发展问题。非物质文化遗产来源于百姓生活,只有得到百姓的认可,才能在新时代找到自己的新坐标。传承人在不断创新突破原有飞叉表演技艺的同时,也要积极走进百姓生活,抓住机会进社区、进校园,努力尝试将旁观者吸引成参与者。加强传承梯队的建设,拓宽人才培养的渠道,通过改进器具、简化招式等方式,降低飞叉的参与门槛,让更多的人,特别是广大青少年朋友参与到飞叉练习之中,为飞叉技艺的发展储备更多力量。

向内看,就是转变自身的思想。各种内外因素,都影响着飞叉的传承与发展。作为传承人必须在分析外因的同时,充分认清内因起到了决定性的作用,放弃"等靠要"的思想,充分发挥传承人的主观能动性。一方面,要勇于创新,要认识到当今的发展趋势、现代人的审美心理以及娱乐途径的多样化,适当调整其原有的传承模式,大胆拥抱自媒体平台和社交网络,勇于尝试新的传播方式和手段。另一方面,要勇于融合,打破故步自封的保守思想,加强与其他兄弟门派在飞叉技艺上的交流,共同探讨飞叉的发展,形成飞叉文化的共同体。也要善于与其他杂技类项目或者相似的非物质文化遗产学习沟通和交流,形成传统民俗文化的发展共同体。

向外看,就是要积极拓展思路,多视角思考飞叉的传承与创新。从政策层面,要充分用好国家各级政府对非物质文化遗产的政策,多元化筹措飞叉技艺传承和发展的经费。从研究层面,进一步拓宽视野,积极参加大学、专业表演院团组织的相关培训和研讨活动,探索飞叉发展的特色,站在推动飞叉技艺创造性转化和创新性发展的基础上,走好内涵式发展的道路。还可以尝试与其他艺术形式或其他相关非物质文化遗产融合发展,抱团取暖。例如:可以与音乐、戏剧等艺术形式融合,探索小型剧目等表演形式;与其他传统手工艺融合,推出飞叉系列文创产品等;与剪纸、刺绣等非物质文化遗产项目联合,创作出一些以飞叉为主题的作品。这既可以让越来越多的人多视角、多元化地了解飞叉技艺,也可以带动民俗文化共同发展。

下篇

第五章

寻根：三路居村和妙峰山庙会

北京是一座有着悠久历史的古老城市，它跨越了千年的历史，成了中华民族的地理标志。特别是金朝在这里建立起都城之后，北京也逐渐成为中国北方文化的荟萃之地。在这里，不仅有着以金碧辉煌的紫禁城为代表的皇家文化，更有着丰富而厚重的民间传统文化。花会，就是其中一项比较有代表性的民间传统文化。它来源于民众的日常生活之中，带着淳朴的气息。它深受百姓的喜爱，活跃着街坊邻居们的闲暇时光。它承载了一代代人们的喜怒哀乐，也成为他们心中的美好回忆。当然，花会也在时间的长河中发展变化，它折射出了百姓生活的阴晴冷暖，也反映出了经济社会的不断变迁。因此，我们以花会为切入点，观察具有京味传统的风土人情，可以更好地了解这座古都的文脉和风韵，也能够更加深刻地理解中华传统文化生生不息的生命力和影响力。

一、三路居村简介

三路居村坐落于北京市的西二环路与西三环南路之间的丽泽路中段，隶属于丰台区卢沟桥乡，辖区面积1.7平方公里。旧时的三路居风景秀丽、土地肥沃，一条莲花河灵动地流淌过村子的东头，经历了近千年沧桑的金中都城墙遗址位于村子的西南角，静静地守护着这片土地。

"三路居"得名于旧时附近的三岔路口。据《北京市丰台区地名志》（北京出版社，1993年12月第一版）记载，"远在清代，三路居地段正处三岔路口，此处有人开设'三路居'茶馆，过往客旅多在此歇脚打尖，后住户增多，遂以三路居为村名"。这一记载也得到了多数村民的认可。

三路居村的位置处于金代的中都城范围之内，占到了金中都城的三分之一。三路居村的历史最早可以追溯到周武王伐纣后所分封的蓟、燕两个诸侯国。在战国时期，燕国曾迁都于蓟城。三路居村的所在地属于蓟城的近郊。东汉时设幽州，辖境相当于今北京市、河北北部、辽宁南部及朝鲜西北部，幽州治设于蓟城。从此，蓟城的名字和城址一直到了唐代都没有发生变化。直到辽太宗会同元年（938年），将原来的幽州升为幽都府，建号南京，又称燕京，成了辽国的陪都。现今三路居村的北界正好与辽南京城的西南角城墙边缘相重叠。到了金朝，海陵王于1153年迁都于此，仿照北宋都城汴梁的规模，在原辽南京城的基础上向东、西、南三个方向扩展，扩建成了金中都。元太祖成吉思汗率军攻破了金中都后，放火焚烧了这座城池，并在这里的东北方向新建了元大都。从此，这一带逐渐荒芜。直到清代，才有人开垦荒地，并定居于此，后来渐渐形成了三路居村。（图5-1-1）

新中国成立后，三路居村隶属于卢沟桥镇。1953年，按照北京市人民政府的要求，农村行政村改乡建制，三路居村和菜户营村合并改建为三路居乡。1956年，三路居乡与附近的万泉寺、东管头、马连道、南蜂窝、太平桥等6个行政村的农业生产合作社合并，组建了三路居东方红高级农业生产合作社。

图5-1-1 三路居开路会成员在金中都遗址博物馆合影

1958年,三路居东方红农业高级合作社划归卢沟桥人民公社管辖,原有三路居乡的建制被取消。三路居村改设分生产大队,菜户营村也从三路居分出独立成分生产大队。1970年,卢沟桥人民公社所属分大队的设置全部取消,三路居分大队升格为大队,下辖6个生产队。1983年,经市政府批准,丰台区先后建立5个农村地区办事处。其中,卢沟桥农村办事处下辖21个乡,三路居乡成为其中之一。1987年,卢沟桥农村办事处改建为乡,三路居改为行政村。

三路居地处平原,属于永定河冲积扇上部,土质肥沃,水资源丰富。历史上的三路居地区,泉多水丰,有三步一泉、五步一溪之称。新中国成立初期,此处地下水埋藏较浅,低洼地势常有水溢出,形成许多积水的坑塘和芦苇丛生的湿地。到了夏天,蛙声一片、蜻蜓戏水、蝴蝶翩翩,兔子、刺猬、野鸭等野生动物比较常见。流经这里的莲花河,源于莲花池的泉水,不仅可以随便捞出鱼虾来,更为附近人们的生活和农业发展带来了极大的方便。

三路居地区农业生产的历史非常悠久。由于地处城郊,城市居民对农业产品的巨大需求,使三路居与蔬菜结下了不解之缘,很多村民种菜为生。这里的蔬菜品种多、质量好,春天有油菜、韭菜、小萝卜;夏天有茄子、黄瓜、豆角;秋天有丝瓜、苦瓜、豇豆;冬天有冬储白菜、芹菜、莴笋……20世纪90年代,随着外地菜进京,三路居产的蔬菜在价格和数量上都不占优势,导致蔬菜生产也开始萎缩,三路居的蔬菜种植面积也逐渐减少。

除了蔬菜种植以外,三路居也盛产北京填鸭。明清时期,莲花河与护城河的水草丰美,为鸭子的繁育提供了得天独厚的条件,天下闻名老字号"全聚德"烤鸭的鸭胚就选自三路居村东的鸭子桥边。虽然,当地流传着"带根儿的多栽,带气儿的少养"的说法,但是新中国成立后,三路居为了进一步扩大农业生产规模，增加经济收入，还是坚定地搞起了鸡鸭养殖业，办起了现代化的养殖场。随着机械化养殖技术的引入，北京填鸭的生产规模也得到了扩大，在科学管理和现代化繁育技术的双重保障下，三路居鸭子的质量和出口数量在北京市名列前茅，养鸭也成了三路居的特色产业。但2001年后，北京市出台了在三环路内禁止畜牧业生产的政策，三路居的养鸭产业也画上了圆满的句号。同时，三路居的农业生产也逐渐走进了尾声。

新中国成立后，三路居除了继续大力发展农业以外，也开始重视其他产业的发展。"窖冰"就是当时三路居最有特色的一项重要"副业"，也是一种传统岁时风俗，也被称作"藏冰"。旧时由于没有制冰设备，人们需要靠冰窖来储存天然冰块，以供夏日炎炎时使用。三路居、莲花池、龙潭会、西直门是当时北京城四座集体所有的采冰场，其中三路居是规模最大的一家，当时的供冰量达到了全北京市的七成。三路居的采冰场是附近废弃的大鱼池，每年从"二九"到"七九"之间都可以打冰。打冰一般从晚上6点开始，一直要干到第二日天亮。打冰分工很明确，有打道、裁冰、轰冰、捞河、破小、拉冰六个工种。首先打道的人，要根据冰窖的形状和容量在冰面上画出如棋盘一样的边界；接下来是裁冰的，负责将冰凿成大小相等的冰块，浮在水里；接着轰冰的人像划船一样，把冰划到岸边；然后是捞河的，负责把冰条从水里拉上来；最后破小的人，在地面上把冰条破成小块，交给拉冰人带走。打冰时，人们要穿上"脚扎子"，就是带尖的铁钉子，用以在冰面上防滑。打冰的工具有冰镩、铁锨、铁钩子、粗麻绳等，主要工具是不到一米高的四棱冰镩。冰镩形状犹如兵器中的钩镰枪，前有尖刺，尾有倒钩。窖冰是一项重体力且危险的活儿，有时会跌倒或被工具划伤，还可能会被冰块砸伤。但是，窖冰可以为人们带来额外的收入。拉冰是计件来发工资的，这种方式也被人们称为"跑牌儿"。能挣到一些"外快"，人们还是干劲很足的。当时采冰的场景十分热闹，冰场上被临时架设的灯照得犹如白昼，沿途喇叭里播放着音乐、快板等广播节目，后面的大食堂还供应热乎乎的大饼和丸子汤，这壮观的场景，依然是一些三路居居民挥之不去的记忆。

改革开放以后，随着市场经济发展，三路居的第二产业和第三产业也得到了迅猛的发展，先后开办了有色金属铸造厂、家具厂、旅游装饰品厂，餐饮服务业等行业也逐渐发展起来。随着城市化进程的加快，三路居的样貌也在不知不觉中发生着改变，从旧社会的土坯房到新中国成立后的砖瓦房再到改革开放后的楼房，三路居开始了新的蜕变。2002年，具备完善市政设施的丽泽路建成通车。再后来，随着北京"四个中心"建设的开展和丽泽金融商务区的建设，三路居正在蜕变成为北京第二个金融中心，新兴的写字楼正在拔地而起，古老的土地孕育了新的生机。

三路居地处北京城的西南角，其民间文化活动也十分丰富多彩。在农闲的时候，去天桥看看"打把势卖艺"，听听相声、评书，瞧上一段戏，或者索性亲自吹喇叭打锣鼓热闹一番。在浓郁的"京味儿"文化氛围的影响下，各种各样的民间花会也深受三路居村民的喜爱。（图5-1-2）

在历史上，丰台地区的民间花会组织也十分有名，有着"丰台十八村"的盛名，有西铁营"开路会"的钢叉要耍上下飞舞，柳村"大鼓会"的12面大挎鼓敲得威风凛凛，鹅凤营"献音会"的海笛吹得乐音悠扬，刘村"少林会"刀枪棍棒练得矫健翻腾，西管头的"跑旱船"舞得轻盈多姿。每年到了庙会的时候，这些花会聚在一起为人们带来了数不尽的快乐。

三路居村也有着自己的花会组织。旧时，每逢大年初一，三路居都会组织民间花会走街来庆祝新春佳节。到了这一天，家家户户都会在门口摆上一张桌子，上面摆上茶，各档花会走街串巷逢茶桌必会送上美好的祝福，喝上一口茶，再练上一通。除了从外面邀请来的花会，三路居活跃着开路会、果贡会、高跷会、天平会四档花会。

历史最久的要算是三路居福缘善庆果贡会，它始创于清朝末年，属于文会的一种，在庙会上负责奉上新鲜的水果和贡香。特别值得三路居人骄傲的是，福缘善庆果贡会是一档受过皇封的花会。它曾经进宫为慈禧太后表演，被赐名"万寿无疆"。每逢庙会之时，福缘善庆果贡会由五面龙旗引路，后面锣鼓开路，抬着各式供品，成为庙会上一道亮丽的风景。但由于种种原因，福缘善庆果贡会在1945年停止了活动。果贡会解散后，村里又先后成立了高跷会、天平会、开路会三个新的花会组织。（图5-1-3）

为善合乐高跷会，也被称为秧歌会，是1945年由孔庆珍、孔庆福二人操办成立的。高跷是一种历史悠久的传统民俗舞蹈，表演者登上高高的"腿子"（木跷），踩着锣鼓点进行表演。孔家兄弟出资购买了锣鼓镲等四大件乐器，并请邻村马连道的张文远、刘成贵来三路居当教练。然而，遗憾的是，为善合乐秧歌会只参加过十里八村组织的民间踩街活动，并没能去妙峰山庙会等大型活动一展身手。随着时间的推移，为善合乐秧歌会也渐渐失传了。

图5-1-2 三路居村小学是人们活动的好去处

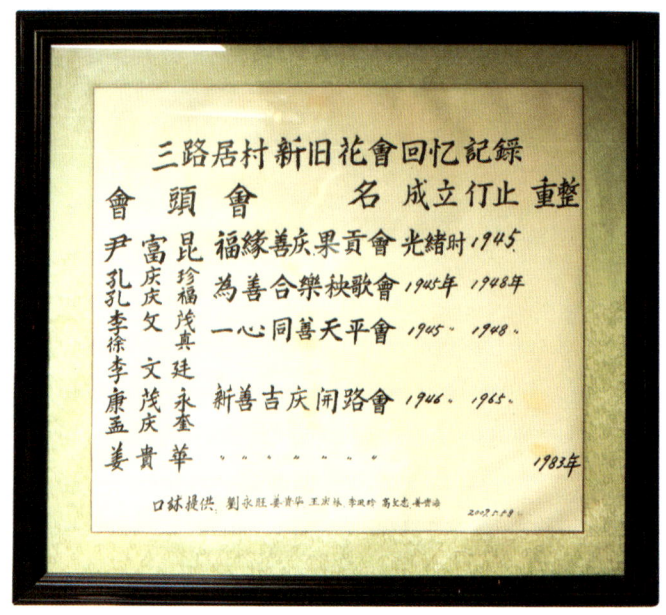

图5-1-3 三路居村新旧花会回忆记录

注：手书中有笔误，实为李文庭、姜桂华。

三路居一心同善天平会也是成立于1945年，首任会长是李文茂。天平会，俗称莲花落，是一种说唱兼有的曲艺。表演者多为一人，自说自唱，自打"七件子"伴奏。所谓"七件子"就是分执于两手的竹板，右手执两片大竹板，左手执五片小竹板。大竹板打板，小竹板打眼，相互配合，有板有眼，说唱之词则随着板眼节奏进行表演。虽然，天平会上不了庙会，却深受三路居人的喜爱，特别是谁家遇到什么红白喜事，都会邀请天平会来"坐棚"。但遗憾的是，由于种种原因，天平会没能延续下去，与福缘善庆果贡会和为善合乐秧歌会一样，湮灭在历史的长河中。

二、妙峰山庙会

北京地区举办的庙会多数都是围绕"娘娘庙"所开展。娘娘庙，是老百姓比较通俗的说法，比较正规的说法应该是"碧霞元君庙"。碧霞元君是中国北方地区百姓信奉较多的一位道教女神，被尊称为"东岳泰山天仙玉女碧霞元君"，她的道场在泰山。关于她的身世，在民间有多种多样的说法。被公认的有以下三种：一说她是掌管泰山的神仙——东岳大帝的女儿；二说她是黄帝的第七个女儿，因修建岱岳观而修道成仙；三说她是汉朝时一位叫做石玉叶的民女，在泰山的山洞里修炼成仙。相传，碧霞元君平易近人、和蔼可亲、乐善好施。在明万历二十一年（1593年）王锡爵所书的《东岳碧霞宫碑》上记载："元君能为众生造福如其愿，贫者愿富，疾者愿安，耕者愿岁，贾者愿息，祈生者愿年，未子者愿嗣，子为亲愿，弟为兄愿，亲戚交厚，靡不相交愿，而神亦靡诚弗应"。碧霞元君能保佑农耕、经商、旅行、婚姻，能疗病救人，尤其能使妇女生子、儿童无恙。她朴实而亲善的形象，增进了大众亲切感和信赖感，因此在各地建有许多的"娘娘庙"。

在北京地区"三山五顶"上的几座娘娘庙中，名声最大的就要算门头沟妙峰山上的这一座。妙峰山上的寺庙始建于辽金时代，逐渐形成灵感宫、回香阁、玉皇顶三处十四座的庙宇群，它们分别属于释、道、儒、俗不同信仰。这些殿宇依山取势，参差错落，高低有致，其中创建于明末的"娘娘庙"惠济祠最为著名。在妙峰山顶上还有一块奇石，在阳光充足的时候，阳光反射到巨石上面就会产生金色的光芒，因此被称为"巨石莲花金顶"。相传清朝康熙皇帝听闻妙峰山上的娘娘"显圣"的传闻，特意封妙峰山为"金顶妙峰"。

妙峰山上举办的庙会也是北京乃至华北地区规模最大的传统朝圣庙会。从明朝崇祯年间起，妙峰山每年农历四月初一到十五，都会为庆祝碧霞元君的寿诞而举办庙会，庙会以香客祭祀"天仙圣母碧霞元君"为中心活动，集丰富多彩的民间花会、戏曲曲艺表演、观赏自然风光和热闹繁华的集市活动为一体。香客各取所需，祈福禳灾、求子嗣、祛病痛、求吉祥平安。香客们有的零散上山、有的互结为伴、有的举家前往，有虔诚香客许愿还愿的、有"借佛游春"游山赏景的、有观看花会表演的。据传到了清代香火最盛的时候，来自三教九流、五湖四海的香客可以达到数十万，参加的花会也达到三百多档。有皇室、王公、权贵、豪富，有庶民百姓、士农工商；有来自京城的，还有来自邻近的天津、保定、石家庄等地的，更有来自东北、华南等地区的外地香客，以及来自日本、东南亚诸国的海外香客。花会、香客们会分别从德胜门、西直门、阜成门、西便门、广安门出城，便有了五条香道通往妙峰山。香道上每隔三里地会设一座茶棚，直到山顶，山上山下这样的茶棚大约百座之多。茶棚分为松枝茶棚、芦席茶棚、砖瓦茶棚和在寺庙、道观门口的茶棚，其中等级最高的是用琉璃瓦建造的"万缘同善茶棚"。妙峰山庙会的盛况，表现出中华民族传统民俗文化的魅力，也体现了人们追求美好生活的一种精神寄托。

然而，在20世纪初，受到社会变革、战争等因素的影响，妙峰山的寺庙群受到了严重的毁坏。1937年7月，卢沟桥的枪炮声打破了北平的宁静。日本侵占了北平，在侵略者战火的摧残下，妙峰山上的庙宇遭到严重损坏。国无宁日，民不聊生，人们挣扎在生死线上，从此妙峰山庙会也走向衰败。新中国成立后，受到破除封建迷信等原因的影响，妙峰山庙会一直未能恢复。1976年，妙峰山上仅存的娘娘庙也被拆除，山顶上仅剩下一片瓦砾和荒草，昔日的金顶妙峰湮没在历史之中。随着改革开放的不断深入，古老的妙峰山也迎来了新的生机。1982年，时任北京市市长焦若愚视察妙峰山时指示，要修复妙峰山文物风景区，发展旅游观光产业。为落实领导指示，市政府出资修建了一条通往妙峰山的公路。1985年，时任涧沟村村主任王德凤开始带领村民自发重修庙宇。

1986年，门头沟区、妙峰山乡等各级政府也开始对妙峰山寺庙群有组织、有规划地修复、修建。1988年，修葺一新的妙峰山景区重新向游人开放。

1990年，在王德凤的联系下，"万里云程踏车老会"的会长隋少甫联合了京城几档有着较好传承基础的花会，"秘密"地来到妙峰山朝顶进香、酬山赛会。恢复妙峰山走会，引来了多个方面的阻力和质疑的声音，但最终他们还是坚持了下来。1993年，政府正式批准妙峰山举办首届春香庙会，古老的妙峰山庙会文化又焕发出新的生机，逐渐发展成为当地旅游业的一大亮点。从此，每年农历四月初一至四月十五，妙峰山的山道上又出现了熙熙攘攘、摩肩接踵的热闹场景。各档花会的倾情表演、琳琅满目的传统手工艺、独具特色的传统小吃，再次聚集在这里，妙峰山庙会又恢复了昔日热闹的生机。走进新时代的妙峰山庙会，被赋予了新的文化内涵，成为传承中华优秀传统文化的重要舞台，同时这项由民间自发组织的祈福活动，也展示出人民对美好生活的向往，更展现出了百姓对国泰民安的热情期盼。

如今的妙峰山庙会除完整保留了明清时期香客朝顶的传统形式外，还增加了商品交易、民俗展示、文艺演出等新内容，形成了京城独具魅力、积极健康的民俗活动。按照传统，参与妙峰山庙会的花会主要有娘娘庙和香道两个活动区域，一般可以分为行香走会和坐棚香会。行香走会，多数都是具有表演职能的"武会"，而坐棚香会，是指在香道沿途所设的为香客以及其他花会提供服务的花会，属于"文会"。他们分工明确，主要负责设点服务，如沿途的粥棚、茶棚、馒头棚等。按照具体任务不同，分为三批进场。第一批是修道会、清道会等花会，他们提前一个星期左右开始进山工作，主要负责修理道路，清理环境卫生。第二批是在庙内服务的花会，如掸尘老会、献供会、糊棚会、鲜花会等，他们一般提前两三天进庙工作，扫除灰尘，修补窗户、顶棚，将面供、水果、鲜花等供品放好。第三批入场的就是各种茶会、粥会，在提前两天的时候就开始在香道沿线设点，给进香的香客舍茶舍粥舍馒头，并提供服务。许多坐棚香会要从妙峰山庙会第一天一直服务到最后一天，因此也被称作"守架"。（图5-2-1）

妙峰山庙会之所以能够吸引众多人群，除

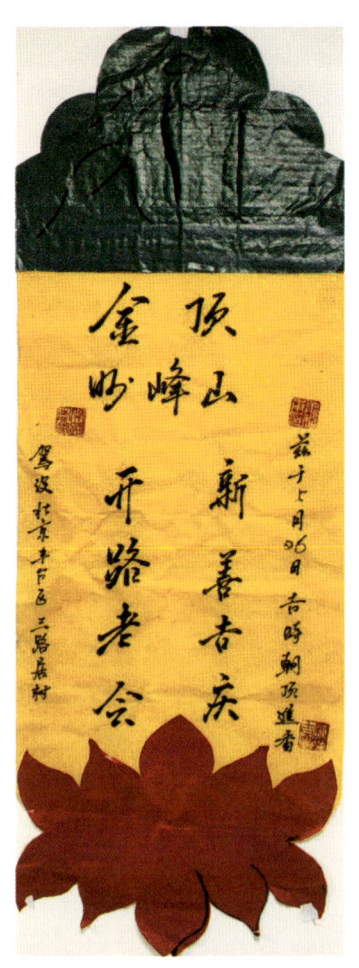

图5-2-1　妙峰山庙会山门拜帖

了它秀丽的风景和古老的寺庙，还有以下两个特点：一是前来参加庙会的花会组织为香客们提供免费的服务。各档花会都本着"车笼自备、茶水不扰"的原则自发来到妙峰山，在自己进香祈福的同时也提供了大量免费的表演或服务，向香客们舍粥、舍茶、舍馒头、舍咸菜等。二是民间花会表演为妙峰山庙会的重头戏，来自北京市各处的民间花会组织，在这里表演飞叉、高跷、中幡、舞狮、小车、旱船、秧歌、花钹、挎鼓等精彩的传统民俗节目，增添了浓重的民俗氛围和热闹的节日气氛。在各档花会的鼎力支持和通力协作下，妙峰山庙会得以顺利举行。

三、关于妙峰山的民俗学研究

妙峰山将民间宗教信仰与地方民俗紧密结合起来，并以庙会的形式将香火、集市贸易、民间戏曲及杂技演出融为一体，形成独具地方特色的民俗文化活动之地。它所吸引的不仅有普普通通的香客，还有一些专家学者。1925年的农历四月，在热闹的人群中，有几位先生和其他上香的游客略有不同，他们的目光聚焦在庙会民俗文化的很多细节上。这几位先生是来自北京大学研究所国学门的顾颉刚、容庚、容肇祖、孙伏园、庄严，他们在实地调研了妙峰山庙会后，每人完成了一篇调研报告，并发表在《京报副刊》上的《妙峰山进香专号》，产生广泛学术影响。这次调查研究也开启了中国现代民俗学第一次严谨的、有组织、有目的的民俗学调查。从此，"到民间去"脚踏实地开展调查研究便成为中国现代民俗学的重要传统。

1928年，《妙峰山》由顾颉刚整理出版，该书共收录了29篇专题论文，成为首部研究妙峰山庙会的学术专著。后来，奉宽的《妙峰山琐记》、金勋的《妙峰山志》等书稿接连问世，把关于妙峰山庙会的研究推上了新的高峰。这些研究成果为民俗文化的研究带来了一个新的视角，也将"新文化运动"的时代精神融入这些研究之中，在民俗文化和科学研究之间搭建起了一座桥梁。至今，妙峰山犹如一座神秘的宝藏，依然吸引着众多国内外的学者在顾颉刚前辈足迹的引领下，不断挖掘这件传统文化的瑰宝。

1985年，北京史地民俗学会副会长常华先生再次开启了对妙峰山的研究，多次沿着五条进香的古道开展调研，拍摄了大量的历史文物照片，并收集了有关庙会的逸闻，完成《妙峰山香道考察记》，成为当代关于妙峰山庙会的具有代表性的研究成果。以此为契机，北京史地民俗学会还专门成立了"妙峰山研究会"。20世纪90年代初，妙峰山景区也成立了"妙峰山民俗文化调研组"，开始系统深入地研究和保护这项宝贵的民俗文化遗产。这些研究成果也成为研究华北地区民众世界观和生活情状的重要依据，在民俗学研究中具有重要的参考价值。2008年6月，国务院公布了第二批国家级非物质文化遗产名录，妙峰山传统庙会被收入其中。这对于妙峰山民俗文化的研究和发展来讲，有着重要意义。

妙峰山不仅有着优秀的历史，更是我国民俗学研究中一块重要的"试验田"，它是中国学术界最早的民俗学研究对象，田野考察的研究方法也在这里起源。20世纪20年代至今，关于妙峰山庙会的研究历经百年而不断发展。在新中国成立前，其研究主要侧重于庙会的历史沿革、组织形制详细记述。在改革开放以后，对妙峰山庙会的研究逐渐复兴，民俗学者更加关注对妙峰山庙会和碧霞元君信仰进行长期的调查和研究。近年来，对于妙峰山庙会研究的视角也朝着多样化的方向发展，不仅有传统民俗学的角度，还有从旅游资源开发和非物质文化遗产保护等视角进行研究。今日妙峰山庙会有了新的气象，它所蕴含的传统文化犹如一座琳琅满目的民俗宝藏，期待着更多人去体验和感受，也等待专家学者去挖掘和保护。

对于妙峰山庙会的民俗研究，也从某种程度上推进了民间花会文化的传承和发展。2005年，妙峰山庙会首次申请国家级非物质文化遗产项目失利。2007年，开始准备第二次申请的过程中，在一些民俗专家的建议下，他们避开了宗教信仰等容易产生争议的提法，而是强调妙峰山庙会为传统民间花会提供交流平台这一主要特征。这种提法得到了有关部门的认可。2008年，妙峰山庙会被列入了国家级非物质文化遗产保护名录的"民俗"类别中，涧沟村老村主任王德凤被认定为妙峰山传统庙会的传承人。妙峰山庙会成功"申遗"，也代表着国家层面对传统民俗文化的充分认可，同时，这种思路也为其他花会的保护和传承提供了新的思路，也为它们申请各级非物质文化遗产项目提供了范例。

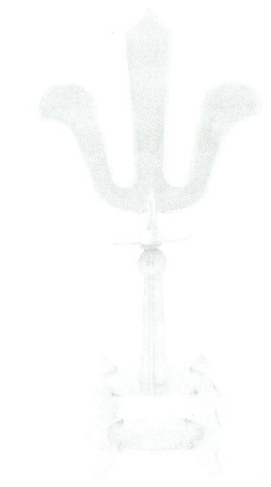

第六章

传承：三路居开路会的来龙去脉

三路居原本并没有开路会。随着最有名气的"福缘善庆果贡会"停止活动，三路居的花会活动几乎停滞。在那个年代，娱乐活动少之又少。于是，村里一些好动的年轻人一直琢磨着再搞起几档花会。就这样，新善吉庆开路会在李文庭、康茂永、孟庆奎、姜桂华等人的筹组下，成立于1946年。

一、初建

在去妙峰山进香时，李文庭、康茂永、孟庆奎、姜桂华等人看到开路会练的飞叉，既带劲又威风，于是便想着在村里也能组织起一档开路会。他们几个人一拍即合，说干就干。李文庭家里经营着小商店，在经济上比较宽裕，于是拿出一些启动经费。按照旧的传统，花会也代表着一个村子的门面，几个能说会道的小伙子挨家挨户地"化缘"，也筹集了一些资金。凑齐了钱，几个年轻人兴高采烈地套上一辆大车，就跑到了崇文门外的打磨厂，在这里找到了一家乐器店，买齐了文场所用的锣、鼓、镲，急不可耐地敲锣打鼓回到了三路居。

人员有了、装备齐了，李文庭带领大家商量了一下，参照民间花会的命名传统，也采用了四个吉祥字加上花会的主要活动内容，再加上"某会"的形式来起名。"新善吉庆开路圣会"这个名字得到了大家的认可。名字里的"新"字，强调了这是一档新成立的花会；"善"字，强调了大家办会的目的，是要做善事、做好事，用现在的话讲，就是强调了开路会的公益属性；"吉"字，取吉利、吉祥之意，也表达了开路会的所有活动是为百姓祈福；"庆"字，取福泽、庆贺之意，也源自"福缘善庆果贡会"，表示继承了三路居村的传统。一切准备就绪，接下来就是要等着通过"贺会"这最后一关了。所谓"贺会"，就是新成立的花会要经过其他民间花会前来祝贺，也就是需要获得其他花会的认可，才能算是正式成立。这也是北京地区民间花会的一项不成文的规矩，如果没有经过"贺会"，那么这档花会就只能算是一档"黑会"，只能在村里活动，没有资格去其他地方参与演出、进香等活动。于是，1946年秋后，李文庭和大家一起商量而选定吉日，请来了菜户营的秧歌会、西铁营的开路会、鹅凤营的献音会、万泉寺的狮子会等附近的民间老会来"贺会"。有了各档花会的认可，"三路居新善吉庆开路圣会"就正式成立了。大家也公推李文庭、康茂永、孟庆奎共同担任会长。（图6-1-1）

三路居开路会刚刚成立的时候，会里从隔壁的西铁营村请来了老师教大家分别学习文场、武场。文场相对容易学，当时文场的成员主要有孟庆利负责打单皮，孟凡荣负责打镲锅，邵文安、赵成玉负责打鼓，郭文彬、郭文瑞、孟凡华、康继宗负责大铜（铙钹）。由于武场的飞叉比较难学，所以村里没有几个人能练。在那段时间里，如果三路居开路会需要外出走会的话，就要从邻近村子的开路会请来武场联合演出。到了1948年，由于受到解放战争的影响，三路居开路会也被迫中断了活动。

1949年新中国成立，百废待兴，劳动人民也翻身做了主人，三路居人们的生活有了保障，在精神面貌上发生了很大的改观。村里也会经常组织一些文体演出，三路居开路会的文场也陆续恢复了活动，积极参与村里排练一些秧歌、旱船等民俗节目。但随着农村合作社的成立，采用了按劳分配的形式，大家务农的积极性比以前更高了。大家把多数时间都投入到了农业生产上，对于飞叉的热情少了很多，来参与活动的时间和人员也得不到保障。会长李文庭觉得有些悲观，想着开路会可能也会像村里之前的几档花会一样，面临解散的窘境。于是他建议大家一起拍张照片留作纪念。1955年12月25日，大家穿戴整齐相约来到大北照相馆，留下了一张弥足珍贵的合影。左边最前排蹲着的小孩：李延安（李文庭的儿子）；前排左起：肖永才、王振林、武殿元、刘景奎、马永泰、姜桂华、孟庆利、曹玉田、刘德顺、李文庭；后排左起：侯宝山、韩凤明、孟凡荣、郭文瑞、绍文安、关宝峰、王继春、侯增福、刘文瑞。（图6-1-2）

图6-1-1 三路居开路会在中山公园表演合影

注：前排左四：姜桂海，左五：李春林。这是师徒两人为数不多的一张珍贵的合影。

图6-1-2 1955年12月25日 三路居开路会在前门外大北照相馆合影纪念

也许，这只是历史和三路居开路会开了一个小小的玩笑，自从这张散伙照片拍完之后，三路居开路会却迎来了新的生机。1956年4月下旬，在丰台区张郭庄村举办社会主义新农具推广大会，丰台区农村工作部邀请了一些花会参加开幕表演。三路居开路会也接到了邀请，会长李文庭邀请了西铁营村的练叉人和三路居开路会20多名文场会员一同参加了这次演出。可是由于西铁营村组织村民集体移植西红柿苗，因此不能参加演出。为了不空场，三路居开路会的姜桂海、王振林、陈立富三个人上台表演了一些基本动作。虽然动作没有以往的演出精彩，但是这次演出依然得到了观众们的称赞。现场还有一些来自捷克、匈牙利的国际友人，他们第一次见到飞叉演出，觉得特别震撼，也竖起大拇指称赞不已。这次演出也算是三路居开路会第一次独立完成的演出，演出之后大家都觉得特别兴奋。

1956年5月，为了庆祝合作社高潮，北京市组织民间花会组织到天安门广场上进行庆祝活动，三路居开路会再次受邀参加。按照惯例，三路居开路会依旧从西铁营村邀请武场的人来一起表演飞叉。所有花会都要在前门的棋盘街集合，等着上场。可是他们左等右等，却还是不见西铁营开路会武场的人。那个时候由于没有什么通信设备，联系不上人，三路居开路会的文场人只能眼巴巴地看着别的花会敲锣打鼓地练了起来，自己却只能坐在那儿干等。这次的遗憾让大家有些沮丧，但也成为激发三路居村的年轻人学好飞叉的动力。

姜桂海、王振林、陈立富三个年轻人也下决心一定要学会飞叉。然而，学飞叉可不只是动嘴皮子的事情，不仅需要天赋，更需要时间。以前没有师父只是单纯的模仿，一些基本的动作还是可以学会，但是复杂的飞叉抛接动作却很难找到要领。三路居的三个小伙子为了拜师父，东奔西走，四处请教，黑窑厂开路会的武殿元师父给予他们一些指导。他们还跑去天桥的杂技团帮场，希望能学到一些技艺。最终，他们还是到了邻近的西铁营村正式拜李春林为师学习飞叉。经过一段时间的刻苦努力，姜桂海、王振林、陈立富、姜桂林、姜桂森等人成了三路居村里第一批比较熟练掌握飞叉技术的人，三路居开路会也终于有了自己的武场，成为一个完整的开路会。

1957年国庆节，天安门广场举行了大型的庆祝表演活动。三路居开路会选出姜桂海、姜桂林、姜桂森、陈立才、陈立富、王振林六人参加群众游行队伍中的飞叉表演队。能够接受毛主席的检阅，让三路居开路会的小伙子们兴奋了好几天。接下来，三路居开路会还参加白纸坊六工区的联欢表演，这也是他们第一次在舞台上表演飞叉。

1958年，三路居村改设生产大队后，务农的任务越来越重，这段时间开路会的活动也少了很多。到了1959年，赶上了三年困难时期，国民经济和人民的生活水平受到了极大的影响，大家都在为了填饱肚子而想尽办法，北京的许多档花会都偃旗息鼓了。虽然此时，开路会的活动少了很多，但是大家都还保持着对飞叉的喜爱。熬过了困难时期，国内的经济形势也逐渐好转了。1964年6月，北京陶然亭公园为了吸引更多的游客，特意邀请三路居开路会入园表演。三路居开路会文场武场一共30多人，痛痛快快地表演了两天时间。

1966年，民间花会被当成了"封建迷信"活动，而飞叉也被列入了"四旧"。和其他花会一样，三路居开路会的所有活动都完全被禁止了。在那段岁月里，只有赶上村里的婚丧嫁娶等活动，三路居开路会的文场才能偶尔拿出尘封已久的家伙事出来吹吹打打一番。而姜桂海这些武场的练叉人，也只能关上门在自家的院子里偷偷练上几把过过瘾。

二、重整

1976年，三路居开路会受邀参加天安门广场庆祝活动，他们找出了雪藏多年的乐器和道具，文场和武场30多人再次聚集在天安门广场上，开心地练起了飞叉。这一时期，许多北京的花会都已经失传了，原来有名的"十三档"花会，所剩下的只有五六个门类，而且技艺都大不如前了。

1979年8月，伴随着改革开放的脚步，人民对精神文明的需求不断提高，在北京天安门的劳动人民文化宫举办了夏季游园晚会，三路居开路会受邀与西铁营开路会一起参加表演，为北京人民献上了一场精彩难忘的演出。然而，进入20世纪80年代，三路居开路会的第一批会员的年纪也越来越大了，当年的小伙子们如今鬓角也增添了白发，由于身体原因很多人都没法再参与会里的活动了。李文庭和其他几位三路居开路会的元老也相继离开人世。和其他的花会一样，过去十多年社会变革给三路居开路会带来的巨大冲击，影响了它的续存。由于人手不齐，在这段时间里，三路居开路会很少独立活动，主要是以帮场的形式参与，和其他花会一起积极参加各种活动。

80年代初，各村都分别建立起了文化馆（站），以前经常请三路居开路会过去帮场的开路会也各自忙起自己村里的事情。与其他开路会的合作也越来越少了，再加上村里的练叉人越来越少，只剩下姜桂海和王振林两个人技艺还比较成熟。还好姜桂海的儿子姜立中、侄子姜利甫也对飞叉比较感兴趣，多多少少跟着姜桂海学了一些动作。如果继续下去，没有新鲜血液注入，三路居开路会恐怕是真的要关门大吉了。

和1955年一样，80年代初的三路居开路会又一次面对"存在"与"消失"的选择。但是姜桂华、姜桂海这一对堂兄弟对飞叉的执着，给三路居开路会带来了新的发展契机。哥哥姜桂华是三路居开路会文场的一位灵魂人物。虽然他不会练叉，可是文场的乐器几乎都精通，不论是单皮、镲锅，还是堂鼓、大铜钹，他拿起来就可以打，嘴里还能念出其他乐器的锣鼓点（节奏）。弟弟姜桂海是武场上的绝对主力，也是北京城南远近闻名的飞叉高手。自从李文庭身体不好的时候，他们哥俩就一直张罗着会里的事情。1982年底，得知丰台区为了活跃节日气氛，春节期间要在北大地组织辖区内的民间花会开展踩街活动，于是姜桂华、姜桂海哥俩一商量，决定以此为契机重整三路居开路会。

重整开路会并不是为了另起炉灶，而是要把以前的三路居开路会的传统传承下去，姜桂华、姜桂海决定继续沿用以前"新善吉庆"的花会名称，只是把"开路圣会"改为"开路老会"。他们挨家挨户去请以前的老会员参会，但是很多人由于年龄大了，身体不好，没法继续参加活动。他们还邀请了一些年轻人参加。就这样，姜桂华担任会长，招呼了十几个人组织成文场，武场则由姜桂海、王振林、姜立中、姜利甫四个人组成。到了1983年的农历正月初一，大家赶制了一面"三路居新善吉庆开路老会"大旗，当时由于时间匆忙，所以只是举行了简单的成立仪式。聚义同善文武圣会、同心如意太狮圣会、一堂同心意善开路圣会、同心合缘五虎打路会、五福同春五虎少林会、普喜同乐五虎少林会、庆华乐道五虎少林会等多档老会前来贺会。成立仪式一结束，大家就急急忙忙地赶往丰台区北大地参加踩街活动了。（图6-2-1）

这是中断了十多年后，三路居开路会再次以相对齐备的文场和武场的形式参加活动，大家都特别开心。看见围拢过来的观众，也激发了他们的热情，他们开心地敲、忘情地演，在清脆的锣鼓声中敲出了自己久违的快乐，上下翻飞的飞叉更舞出了自己心中的喜悦。由于合练的时间比较少，在这次演出中，大家配合得还没有那么默契，但是他们依然得到了观众们的掌声和欢呼声。只要他们一开始表演飞叉，身边就会吸引来很多观众围着。正月十五那天，他们又在北大地参加了第二次踩街活动，他们的表演再次得到了观众的赞誉。这次踩街活动，有来自各个村的二三十家花会参加，三路居开路会的精彩表演一枝独秀，吸引了不少观众驻足。

1983年的踩街活动，也展现出了在改革春风吹拂下三路居人良好的精神面貌，他们的演出也得到了村里领导和村民们的一致认可。为了纪念这次踩街活动的成功，大家一起商量决定把"三路居新善吉庆开路老会"重整的日子定在了1983年的农历正月初一。三路居开路会的重整，离不开前辈们留下的传统，离不开几位骨

注：该旗为后期参加活动所做，重整日期误写为一九八三年十月三十一日。

图6-2-1　三路居开路会会旗

千多年的坚守,更离不开三路居人乐观向上的精神和对美好生活的渴望。(图6-2-2)

自从三路居开路会重整之后,村里又热闹了起来。到了夏天,傍晚凉快的时候,伴着蛙鸣虫唧,会里的文场和武场都聚集在村边的莲花河畔,敲锣打鼓地练了起来。那个时候农村也没有什么特别的娱乐活动,晚饭过后,村里的男女老少也都闻声而来聚集在一起看热闹。有些村子里爱玩爱闹的小伙子们也加入进来,有的学起了打文场,有的跟着练起了飞叉。此时会里的武场以姜桂海、王振林为主,姜立中、姜利甫、刘士阳等人也开始正式学习飞叉,并参与演出。三路居开路会又恢复了昔日的元气,不仅恢复了花会的活动,还为村里活跃了气氛、凝聚了人气。

图6-2-2　姜桂华带领三路居开路会参加踩街表演

1983年在北京城的民间花会圈子里,还发生了这样一件大事:初春的某一天,崇文区文化局在北京燕京评剧团院内,万里云程踏车老会会长隋少甫、协利同乐中幡圣会会长阎得利、幼童学善秧歌圣会会长常春喜、五虎腾牌少林会会长刘德仁、掌礼司万寿无疆太狮老会会长董振平、同聚公乐云车老会会长杨环,聚集在一起。大家商量着在北京城区内组织一次"走会"活动,这是改革开放以后北京城区内的第一次走会表演,各档花会从崇文区幸福巷三转桥胡同出发,经南岗子胡同到文昌宫胡同。这次走会活动造成了轰动,整条胡同被北京市各处慕名而来的群众围得水泄不通、人山人海,人们挤得实在没地儿了就爬上房顶甚至电线杆,叫好声、喝彩声此起彼伏、不绝于耳。1984年崇文区委正式同意在龙潭公园举行"1984年春节民间花会联欢表演",龙潭庙会成为了北京市在改革开放后第一家恢复举办的庙会。这也说明,改革开放以来群众的生活水平提高了,对文化生活的需要也更为多种多样,因此大家对这些丰富多彩的民间艺术是很欢迎的。

在龙潭庙会的带动下,北京的各项民俗活动得到了有效的恢复。各档民间花会也逐渐恢复了生机。三路居开路会参加的活动也越来越多,特别是一到春节前后,他们就更忙了。从1983年起,三路居开路会连续三年参加了正月初一在丰台区北大地组织的踩街活动。1984年,农历正月初二,他们参加了为庆祝平安大街通车,在西城区官园举行的踩街表演;1985年春节,参加了在地坛举办的春节庙会。他们还先后参加了陶然亭公园夏季游园晚会、陶然亭公园春节庙会等活动。1987年春节初一至初七，三路居开路会受邀参加了北京市崇文区组织的"龙潭杯"首届民间花会大赛，姜桂华、姜桂海带着姜立中、姜利甫等30多人参加表演，技压群雄，荣获了"金奖"，三路居开路会的名气越来越大。（图6-2-3）

三、发展

1993年，妙峰山正式恢复举办庙会活动，三路居开路会收到了一封妙峰山庙会召集人王德凤发来的请柬。姜桂华、姜桂海和开路会的兄弟们都

图6-2-3 "龙潭杯"首届民间花会大赛奖杯

特别兴奋，也很骄傲。虽然只有薄薄的一张纸，却是来自北京花会圈中的一份沉甸甸的认可。如何带着大家一起上妙峰山表演成了会长姜桂华心中一个不大不小的难题，三路居村距离妙峰山50多公里，去妙峰山走会也没有什么经费支持。在姜桂华的请求下，村里领导支援了一辆大货车，装上了所有的乐器、道具。30多个人一起坐在敞篷的大货车里，奔赴妙峰山。初春的天气还不是很暖和，再加上去妙峰山的路还比较颠簸，但大家一路上还是说着、笑着，都为能去妙峰山走会而感到兴奋。那个时候，车只能开到山脚下。下车之后，他们就整理好乐器、道具，敲锣打鼓地向金顶进发了。一公里多的山路崎岖，大家也走得汗流浃背，却精气十足。到了山顶，在碧霞元君庙的山门前，聚集了不少当地人。与先到的花会互相参拜之后，三路居开路会也开始了献艺酬神。在舞动的飞叉间，在缭绕的香火中，三路居开路会代表全村人把美好的愿望留在了妙峰山顶。

与在公园等场所组织的庙会相比，参加妙峰山庙会让民间花会从形式上最大限度地回归了传统的走会模式。虽然，现在行香走会的内涵发生了一定的变化，但是，妙峰山庙会恢复举办，还是促进了花会之间的学习与交流，也为传统民俗文化的复苏和传承迈出了重要的一步。从1993年起，三路居开路会与妙峰山结下了不解的情缘，他们每年都坚持来参加妙峰山庙会，从没中断过。在他们心中，对于传统文化的坚守远大于对神佛的膜拜，去妙峰山顶行香走会，不仅是为了祈福许愿，更重要的是把民间花会的传统坚持和传承下去。

自从参加了妙峰山庙会，三路居开路会的名气就更大了，吸引村里更多的人想要参加三路居开路会的活动。会长姜桂华也就当起了文场教练。那时三路

居开路会文场的人员主要有：打单皮的吴金禄，他是文场中的骨干；老会员邵文安仍负责打鼓；后来是郭德才、王凯、王昆打鼓；打镲锅的是孙玉林；打大铜钹的有尹志良、李玉志、崔振启、韩殿林、潘景田、郭景明、姜立波、姜立国、吴金山、郭宝才、尹志文、佟秀明、潘景龙、李海泉、赵辉、韩金印、张启军、李国强、刘磊、尹征、姜浩、姜勇。后来吴金禄、郭景明成了"副把"。姜桂海负责教武场，闫彩生、张东伟、尹志其、刘士阳、王昆、于传利、闵立刚、金恒志成为三路居开路会武场的新成员。特别值得一提的是，姜桂海在他的几个孙辈中，也培养出了一位练叉的小伙子。1999年，姜桂海12岁的外孙赵智力开始正式学叉。在20世纪90年代中，三路居开路会得到社会各界的认可，受到了村里人和观众的喜爱，他们不仅弘扬了传统民俗文化，也继承和发展了飞叉的技艺，丰富了群众的业余文化生活，得到了丰台区、卢沟桥乡、三路居村三级政府的重视和大力支持。

从2001年开始，在村里的组织下，三路居开路会连续12年在大年初一举行踩街表演。为村里举行踩街也是三路居开路会刚成立时的传统，以前每逢春节、端午节、中秋节等都要举行踩街活动，在村子里面热闹一番。恢复春节踩街，不仅丰富了大家的节日生活，也拉近了开路会与街坊邻居之间的距离。正月初一上午9点，三路居村的踩街活动正式开始，开路会在三路居村的老街进行表演。家家门口都会摆上一个茶桌，桌上有茶水、点心、水果、香烟，用来慰劳来表演的人。可是，三路居开路会的成员，却从来不动桌上的慰问品，这也是他们的规矩。2013年，由于城市建设，三路居村已经没有平房，老街也不在了，这里变成了城市的一部分，踩街活动也就终止了。（图6-3-1）

2003年，三路居开路会迎来一个令人骄傲的时刻，他们在妙峰山立下了会碑。石碑的正面刻着"北京市丰台区三路居村新善吉庆开路老会"，后面刻着"新善吉庆开路老会"的发展简史和当时全体会员的名字。碑文由姜立中牵头起草，姜利甫、吴金禄共同配合完成。由于会长姜桂华在1998年的时候不幸

图6-3-1 三路居开路会踩街活动

得了中风，身体不便，所以立碑的事情由他的儿子姜利甫操办。4月2日立碑的那一天，天上飘起了小雪。运碑的大货车只能开到距离山顶500多米远的停车场，还有几百级台阶。1吨多重的石碑需要靠人力抬才能运送到山顶上。后来，三路居开路会里的小伙子们愣是靠着肩挑手扛把石碑运送到山顶，保证了第二天贺碑仪式的顺利进行。贺碑的那天，三路居村委会的副书记刘德凤代表村里讲话，给予了三路居开路会高度的评价，并鼓励大家继续努力把开路会办得更好。众人拾柴火焰高，这次立碑也得到了村里几家企业的大力支持。立碑，不仅立在山上，更立在每一名三路居开路会成员的心里。通过这次活动，他们更加坚定了信心和决心，一定要把老祖宗留下的这门技艺传承下去，把前一代人创立的开路会继续发扬光大。（图6-3-2）

2005年，《国务院办公厅关于加强我国非物质文化遗产保护工作的意见》出台，北京市各区陆续启动了非物质文化遗产保护工作。丰台区也对属地内的民间花会等非物质文化遗产项目进行了梳理和登记。调查人员来到三路居村，详细了解三路居开路会各方面的情况，并高度认可。同时调查人员也提出了一个问题，由于很多历史都是口述的，他们还需要一些可以证明三路居开路会的客观证据，例如一些老物件、旧照片。这可难坏了姜利甫，由于父亲身体原因，现在会里很多的事情都由他操持。三路居开路会里的叉、乐器都有了几十年的历史，可是却没有办法证明来源于何时、何地。他走亲访友，四处寻找可以证明三路居开路会历史的证据。最后，还是母亲在家里一个老木柜里找出了1955年三路居开路会拍摄的那张旧合影。虽然，照片已经有些破损，也有些泛黄，但是上面每一个人的样貌都十分清晰，而且上面"1955年12月25日"的日期也十分醒目。姜利甫如获至宝，立刻拿着照片去找调查人员。这张老照片就成了三路居开路会申请区级非物质文化遗产保护项目最重要的证据之一。经过这次的寻根事件，姜利甫从此便多了一个习惯，每次出去走会的时候，必会带上照相机，把每次活动的影像都记录下来，并且第一时间冲洗出来标记好日期。姜利甫还听取了调查人员的建议，开始重视三路居开路会历史资料的整理，除了拍摄影像资料外，他还对每年演出和发生的重要事件进行了简要的记录。通过这次非物质文化遗产的申请过程，也进一步提高了他们对非物质文化遗产的认识，提升了保护的意识。（图6-3-3）

2006年，是三路居开路会建会60周年。为了庆祝这一重要的时刻，三路居开路会重新定制了行香走会的必备物品。三路居村也迎来了新的变化，原来的平房改建了高楼。7月9日，在卢沟桥乡党委宣传部和乡文化中心的支持下，在新建成的三路居小区里三路居开路会举行了隆重的庆祝活动。眼见着平房变成高楼，大家在为开始了一种新的生活方式而感到开心，用热情的飞叉舞出了心中的喜悦。《北京日报》《劳动午报》《丰台报》等多家媒体报道了此次活动，《北京晚报》还对三路居开路会最年轻的武场成员——19岁的赵智力进行了专访，并撰写一篇名为《北京小伙爱耍叉》的报道。

注：时任村办企业三路居一公司经理尹志川、六公司经理张玉清、八公司经理尹志刚、丰肇隆市场经理李立军出资支持该活动。

图6-3-2 三路居开路会妙峰山立碑

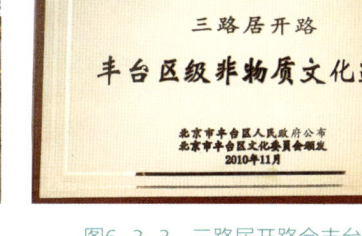

图6-3-3 三路居开路会丰台区级非物质文化遗产证书

2007年，三路居开路会正式获批丰台区非物质文化遗产代表性项目，这对三路居开路会的发展历程来讲是一个重要的里程碑。这是卢沟桥乡和三路居村共同的骄傲，也是开路会一代代成员们坚持努力的成果。这也说明，近些年三路居开路会积极参与各类活动，在北京花会同行中取得了良好的声誉，同时也得到了来自政府部门的认可。成功获批非物质文化遗产，进一步扩大了三路居开路会的影响力，同时也得到了来自政府部门和一些专家学者的关注，并对非物质文化遗产保护等方面给予一定指导和帮扶，为其更好地传承增添了新的活力。特别是在维持运行三路居开路会的经费方面，政府部门会每年给予一定支持，虽然不能完全解决三路居开路会的日常开销，但是对于他们来讲，也是一笔可贵的"固定收入"。

行香走会是一项"烧钱"的活动。从最早建会以来，三路居开路会就坚守其公益性、非营利性的特点，几乎没有什么收入，其资金来源多采用化缘加包干的模式。除了向村里的街坊邻居化缘和一些很少的演出费以外，剩下不足的经费都由会长个人承担。然而，随着近些年来经济社会的变化，三路居开路会偶尔也会参与一些商业性演出活动，可以得到一些车马费的补贴。但是从另一条渠道，化缘的钱就少了很多。不能再挨家挨户地化缘，他们只能靠村委会、村里企业给予的特别有限的经费，入不敷出的地方还是需要会长自己掏腰包来填补。姜桂华、姜利甫父子，也记不清贴补了多少费用。2007年春节，三路居开路会去世界公园表演时打坏了两副大镲。姜利甫为了省钱，特意顶着大风驱车前往100多公里外的河北怀来县，在一个铸铜厂买回了四副大镲、两副镲锅。有了丰台区支持的非物质文化遗产保护经费，三路居开路会也开始购置集体的演出服装、道具等。

2007年，会里还发生了另外一件喜事。自建会以来，虽然有很多人都加入三路居开路会学习文场、武场，但是从来没有举行过任何收徒仪式。这一年，恰逢三路居开路会的元老姜桂海的70岁生日。作为会里第一位会练叉的人，姜桂海为三路居开路会以及其他开路会培养了许多飞叉人才。为了更好地促进三路居开路会的传承发展，增强非物质文化遗产传承人的使命感和责任感，大家一致决定举行一次隆重的拜师仪式。10月17日，在几位北京城里民间花会会长和开路会同好们的见证下，七位徒弟按照传统规矩，头顶写着花会名字、自己名字、拜师日期的拜师帖向师父姜桂海磕头拜师。姜桂海在帖子上也郑重地签上了自己的名字，并且送给徒弟们每人一杆飞叉作为纪念。一日为师，终身为父，姜桂海和徒弟们心绪难平，他们不仅仅是履行了拜师的仪程，更重要的是大家把心和飞叉更加牢牢地捆绑在了一起。通过这次拜师仪式，也有效地增进了三路居开路会的凝聚力，为其更好地传承和发展打下了更加坚实的基础。（图6-3-4）

当回顾到这两年历史的时候，我们为三路居开路会所取得的丰硕成果而感到欣慰，但是我们也发现这样一个潜在的问题，如何在经济社会发生巨大改变的情况下，确保三路居开路会未来的生存和发展？随着城镇化进程的加快，位于北京二环西南角的三路居村已经逐渐融入了庞大的城市之中，成为它的一部分。三路居的产业结构发生了很大的变化，从农业向其他产业飞速转变。这对于三路居开路会的发展而言，进入了一个存在隐忧的时代，三路居开路会现存的社会文化环境等也陆续发生了转变。以前靠种地卖菜为生的村民变成了工人、商人或是在办公室里工作的人，钢筋水泥取代了绿草遍地的乡间小路。商品经济与工业化取代了传统的农业生产，人口迁移与外来人口的增加使城市社区取代了传统乡村。而不变的，却是三路居开路会在姜桂华、姜桂海和姜利甫、姜立中的带领下，对传统文化的坚守。

时过境迁，改变的是周围的环境，不变的是三路居开路会还在坚持以传统花会的形式，来巩固三路居村民之间和睦的邻里关系。三路居开路会还会服务街坊邻居的红白喜事。遇到喜事，三路居开路会通常是文武场一起进行表演，

图6-3-4　姜桂海生日暨拜师仪式

增加喜庆的氛围,并且为新人送上祝福(图6-3-5)。遇到丧事,一般只有文场进行演奏。通过这种敲敲打打的仪式,使逝者家属悲伤的情绪得到宣泄,也表达对逝者的缅怀。关于费用,如果是本村村民的事情,会员们不仅不收报酬,还会随份子钱。如果是外村的村民要请三路居开路会去参加白事,往往也只需要安排车来回接送,会员们也是绝对不收取任何报酬的。近年来,受到城镇化对农村传统文化的冲击,一些红白喜事仪式也有所减少。一般选择这种方式来办丧事的多数都是村里的老人。落叶归根,虽然此地的名字还叫三路居,却早已物是人非。能用这种比较传统的方式送上他们一程,也算是让逝者最后一次感受到乡土的气息。

2007年,由于老会长姜桂华已经半身不遂多年,需要靠轮椅出行。他的儿子姜利甫也全面担负起了父亲作为会长时的各项工作。他和父亲一样勤勤恳恳,任劳任怨,在他的带领下,三路居开路会还是保持着上升的势头。2008年2月,三路居开路会应邀参加了由北京市民间文艺家协会、北京民俗博物馆在朝阳门外东岳庙共同举办的"东岳杯"北京市民间花会大赛。他们的表演再次得到了评委专家和观众们的认可,荣获了"优秀表演奖"(图6-3-6)。然而,老会长姜桂华的心里依然还是放不下三路居开路会的事情,只要身体允许,他坚持着坐轮椅也要参加走会的活动。看见三路居开路会的大旗在迎风飘动,听见大家敲起那响亮的锣鼓声,在儿子的张罗下会里的一切事物都井井有条,这位身在轮椅上80多岁的老人感到了一丝欣慰,此时仿佛觉得自己又年轻了起来,站在锣鼓前忘情地敲着、笑着。对于这位老人来讲,他的一生伴随着三路居开路会而成长,而三路居开路会和儿子都是自己这一辈子最大的骄傲。姜桂华也经常叮嘱姜利甫,一定要把三路居开路会传承下去,这是老一代人留下来的东西,一定不能断在咱们的手上。

2009年5月6日,在姜利甫的召集下,三路居开路会组织了一次比较正式的

图6-3-5 三路居开路会参加民间婚礼

研讨座谈会，邀请了六位三路居开路会的元老来参加，请老一辈重新坐在一起的目的，就是想共同商讨三路居开路会的发展和未来。这次研讨会开得很及时，因为没过多久，三路居村就迎来了历史上最大的一次变革。2010年，村里对原有的集体资产进行了股份制改革，由金唐天润置业发展有限公司对原来隶属于三路居村的集体经济组织进行资产重组。2012年底，三路居村也完成了撤村建居的工作，以前遍布农田、水塘的三路居村彻底融入北京市城市之中，如今已经变成了拥有高楼、马路、立交桥的金鹏天润社区。（图6-3-7）

就在三路居村发生重大变革期间，三路居开路会痛失了一位中流砥柱般的人物。2011年春节即将来临，这也是三路居开路会一年中最忙碌的时候。春节是中国人最重视的传统节日，多数人一到了这个时候就要忙着采购各种各样的年货，准备家庭聚会。可是每年一到这个时候，三路居开路会的全体成员都要忙着收拾道具服装，这几天他们要参加多场新春走会踩街活动。他们放弃了小

图6-3-6 东岳庙走会活动姜利甫代表三路居开路会领奖

图6-3-7 研讨座谈会

家的团聚，为大家增加春节祥和喜庆的氛围。大年正月初二，正当大家准备出发去走会的时候，不幸的消息传来了，老会长姜桂华不幸辞世。大家都十分难过，无心继续做走会前的准备工作。作为儿子，姜利甫心如刀绞，可是作为三路居开路会的主事人，他知道诚实守信对于一档花会来讲很重要。他坚持说服大家按照原计划去走会，而自己在家处理父亲的丧事。大家拗不过他，只好听从他的安排。姜利甫知道，父亲在去往天国的路上一定会听到远处响起的锣鼓声，把父亲为之奉献一生的三路居开路会传承下去，才是对他最大的告慰。

父亲去世后，姜利甫正式接任三路居开路会的会长。他牢记父亲的嘱托，很用心地经营着三路居开路会。他在菜户营桥附近的汇海楼饭店门口发现了一块空地，于是每周日的下午，他便组织起文场、武场继续在这里训练。锣鼓一响，飞叉一练，已经不见了农村模样的三路居村里又恢复了往日的热闹，街坊邻居还是会凑到一起来看热闹，并闲聊上几句，仿佛又把他们带回了曾经袅袅炊烟的田园风光。然而，在工作日，大家都纷纷回到各自的工作岗位上，缺少了三路居开路会带来的热闹氛围，村子又恢复到了钢筋混凝土间的沉静。姜利甫逐渐发现训练的时候，总是出现人手不齐的情况，结合自己的工作，他也感受到了城镇化建设给乡土民俗文化带来的巨大冲击，如何在这种形式下为三路居开路会寻找到一条新的发展之路，成了他需要破解的难题。

为了应对这种变化，三路居开路会的每一个人都在积极地努力。作为武场教练的姜桂海也没有停止对传承三路居开路会飞叉技艺的尝试。早在2006年，姜桂海在手书的《三路居开路会简史》中最后一段写道："目前，出场表演的四人中，70岁一人、18岁一人、46岁一人、20岁一人，青黄不接，后备力量不足是目前急需解决的突出问题"。自从收徒之后，姜桂海几乎每天早上都要带着徒弟们练习飞叉。70多岁的姜桂海已经退休了，但是徒弟们每天早上练完叉还要去上班。他怕大家没空吃早饭，于是就每天早上让他的妻子帮徒弟们准备好早餐。练完飞叉，大家聚在一起吃上一口热乎的早饭再散开各忙各的。在姜桂海的带领下，几位徒弟基本掌握了飞叉练习的要领和现存的动作。时不时地，也会有一些外面的人前来学习和请教飞叉，姜桂海毫无保留、绝不吝啬，基本上有问必答，把一些动作的练习技巧教给他们。因为，姜桂海心里有这样的想法，飞叉绝不是三路居开路会的独门绝技，而是老祖宗留给我们共同的遗产，多一个人练叉，这项技艺就多了一粒可以传承下去的火种。

除了传承飞叉技艺以外，三路居开路会还另外开辟了一个新的宣传阵地。由于工作原因，姜立中喜欢琢磨，在父亲的带领下已经成为三路居开路会武场的台柱子。他很早就接触了互联网，爱钻研的他开始利用数字网络寻找一些与飞叉有关的资料。那个时候网络社交、自媒体等新生词汇，对于大多数他这个年纪的人来讲还是一件比较新鲜而陌生的事情。他看到别人开始在博客上发布一些话题，于是想着给三路居开路会也建立起了一个新浪博客。2008年2月28日，他发出了三路居开路会的第一篇题目为《东岳杯北京市民间花会大赛》的博客，短短的几行字，却开辟出一条宣传三路居开路会的新渠道。后来，他还陆续上传了一些关于开路会的往事和民俗知识，但是对社交媒体运营缺乏经验导致关注的流量比较少。姜立中放弃了更新博客的形式，而是在即时的聊天软件上找到新的平台。2011年，他建立了全国第一个交流飞叉技术的QQ群"飞叉园地"，大家口口相传，来自河北、山东、天津等全国各地的练叉高手基本上都聚集在了他的QQ群里。他这位群主儒雅文静，说话又很客气，得到了大家的认可。

有了在线交流的平台，大家不仅在线上讨论飞叉，还约着一起见面切磋技艺。飞叉就好像一条纽带，把这些有着共同爱好的人紧紧地连接在一起，虽然大家彼此都不认识，但是见了面却跟老朋友一样。2013年，"飞叉大王"王雨田的孙子王斌想召开一个关于飞叉的座谈会，于是他找到了姜立中。姜立中在"飞叉园地"发出了召集帖，大家都踊跃报名。2月17日，大年初八，刚忙完春节期间的走会活动，来自天津永良飞叉会、苏桥云叉会、安次飞云叉会等地的200多位叉友聚集在一起，组织了一次"全国各地飞叉英豪来京聚会"，会上姜立中被推举为全国飞叉联谊会副会长。虽然，这次聚会只有一个上午的时间，但是以叉会友，有的交流心得、有的切磋技艺，午饭过后才恋恋不舍地散去。农历四月三路居开路会要去妙峰山庙会走会，这个消息在"飞叉园地"QQ群里传开了，许多叉友再次纷纷响应，表示想要来帮场，于是来自天津、霸州、菏泽等地的50多名叉友聚集到了三路居村。这么多飞叉高手一起簇拥着三路居开路会的大旗前往妙峰山走会，不仅让观众们大饱眼福，更让三路居开路会在京城花会圈里的名气又增加了不少。

这次成功的聚会不仅扩大了三路居开路会在飞叉圈里的影响力，也促进了叉友们的交流。2013年的夏天，姜桂海、姜立中、刘士阳、于传利四人，开车去白洋淀拜访了河北安新飞叉的屈国立。大家再次见面分外亲切，聊聊最近的情况，互相学习一下彼此没有掌握的招式和窍门。当时，屈国立在白洋淀景区表演，姜立中还去帮场，两人精彩的表演，吸引来了许多游客驻足观看。他们还拜访过天津永良飞叉会、承德东窑马叉、山东曹县南关马叉、河北苏桥云叉会。每次出门交流，大家不仅收获了友谊，更掌握了一些新的招式、动作连接的技巧，这对三路居开路会飞叉技术的提升有很大的帮助。爱钻研的姜立中，还对飞叉的动作进行了系统梳理，并且总结了三路居开路会的特点，以及其他地区飞叉练法的不同，并且用文字记录了下来，这在飞叉圈内还是比较少见的。（图6-3-8）

除了民间叉友的交流以外，三路居开路会还积极地与一些专业的杂技演员进行学习交流。2012年至2014年期间，每年的4月份，三路居开路会都会应邀参加在北京市丰台区北宫森林公园举办的"踏青节"。他们有幸邀请到了来自中国杂技团的于静、南崇培等专业演员加入三路居开路会的表演团队和他们一起同台献艺。在演出的间隙，他们相互交流练叉的技巧，互通有无。在回来之

图6-3-8 京津冀飞叉交流展演大会

后，姜桂海、姜立中父子俩也及时总结他们与专业演员之间的差异。他们发现专业演员的站姿更加挺拔，动作也更干净利索，一些动作的串联也呈现出了更好的舞台效果。他们认为三路居开路会在这些方面还有许多可以提高的空间，于是在日常的排练中也对大家提出了更高的要求。这段时间，三路居开路会还得到了丰台区武术运动协会的关注，请三路居开路会牵头成立了"飞叉分会"。

在接下来的几年里，中国杂技团的王斌、于静等人一起参与三路居开路会的日常训练和表演。在这段时间他们还结识了一位会玩叉的外国朋友，来自巴西的吉列尔梅·桑帕约·吉亚斯（Guilherme Sampaio Dias），他是一名中国杂技团的外籍飞叉演员。这位外国叉友和于静经常来参加三路居开路会每周日在丰台区西局玉园的练叉活动。这位大眼睛、高鼻子、一脸络腮胡的巴西朋友，被中国传统文化所吸引，漂洋过海来到了中国，他对飞叉的喜爱，也让三路居开路会的成员们十分感动，于是赠给他一杆飞叉，并正式邀请他入会。为了更好地交流，他们还给他取了一个中国名字叫"桑巴友"。2016年，桑巴友第一次和三路居开路会共同参加了在八大处举办的春节庙会。邀请桑巴友加入三路居开路会，在京城的花会圈里还算是一件新鲜事，这不仅让观众眼前一亮，也给三路居开路会的传承带来了新的思路，就是让这项技艺走出国门、走向世界。会里的年轻骨干赵智力与桑巴友年纪相仿，这两位也成了一对好朋友。由于工作原因，赵智力身边有许多来自世界各地的朋友，在工作之余他不忘展示他的"绝活"，外国朋友为这项中国传统技艺拍手称奇，不少外国友人还成了"飞叉"的忠实粉丝，并表示想尝试学习飞叉技艺。三路居开路会虽然还没有从真正意义上走出国门，但是吸收外籍人士加入中国传统民间花会，已经为他们的国际交流迈出了第一步。（图6-3-9）

三路居开路会不仅要自己练好飞叉，还想让更多的人了解飞叉、认识飞叉。他们积极参加各类各级演出活动，不论活动规模大小，也不提演出费多少，只要是有机会，他们都愿意去为大家表演飞叉。他们还走社区、进学校把

图6-3-9 2019年桑巴友随三路居开路会参加"非遗"活动

飞叉送到群众的身边。2017年,他们走进了海淀区育英中学,为孩子们讲飞叉的故事,还带了一个由十几名学生组成的飞叉社团,虽然只是教会孩子们几个简单的动作,却是一个很好的开始。三路居开路会还积极帮助其他有需要的花会,共同促进飞叉技艺的传承。许多人慕名找到他们学习飞叉,他们也从不推脱,无私教授。如果有人请他们去帮场,只要时间允许,他们也会积极支持,有求必应。2019年,大兴区长子营神叉老会在复建时,需要采购会旗、笼筐这类的物品,可是跑遍了北京的市场都没能买到这些行头。他们来三路居开路会求助。姜利甫得知情况后,二话没说就带着他们去河北找一位叫甄吉贵的手艺人帮他们制作了这些行头。得知他们还希望请三路居开路会帮忙提高飞叉技术,姜立中也毫不犹豫把自己总结的练习窍门告诉了他们。2019年1月24日,三路居开路会受邀在丰台区政府组织的迎新春晚会上进行演出,他们参演了五虎少林、太平花鼓、抖空竹、高跷、花棍等多种花会共同组合成的节目《炫彩民风》,取得了非常好的演出效果。

多年来,不论多难,三路居开路会的所有成员始终秉承着创建时不为名利、只为传承的初心。这其中的不易,远远不是简单的文字记录可以表达的。在当代的发展中,三路居开路会不仅在飞叉技艺上做了传承,还大胆地进行了许多创新,无论是在技术招式上,还是在传承途径上,都在积极努力使这项非物质文化遗产能够融入当代人的生活,更好地在当代社会中发扬光大。

第七章

赓续：老中青三代传人的故事

从1946年到今天，三路居开路会已经走过了70多个年头。70多岁，对于某一个体的人来讲，已经是古稀之年，可是对于一个团队来讲却依然是风华正茂之时。靠着一代代喜爱飞叉的乡里乡亲们的共同努力，三路居开路会才有了持续发展的不竭动力。然而长路漫漫，三路居开路会前进的道路上总是充满了波折，他们也几次走到解散的边缘。也正是因为他们的坚持，这项非物质文化遗产才得以赓续。为了更好地了解三路居开路会的发展，我们深入采访了三路居开路会的老中青三代传人，希望能够通过他们个人的故事，来更好地了解三路居开路会发展的历史。在采访过程中，我们被他们的故事所感动，更为他们执着的精神和对飞叉的挚爱所震撼。

一、第一代传人

当我们开始走访三路居开路会的时候，他们会里的第一代参与者很多已经不在了，能接受采访的也仅剩下姜桂海一人，这也是我们觉得特别遗憾的地方。在采访过程中，也试图联系到李文庭等第一代参与者的家人，可惜没能如愿。我们只能在姜桂海的回忆中，找到他们的影子。

我们初次见到姜桂海老人是2020年，此时的他已是一位83岁高龄的老人，面色红润，脸上总是带着慈祥的笑容。他的身体虽然微微有些胖，但却十分健硕，说起话来干脆利索，声音洪亮。他是现在三路居开路会里年纪最长的会员，每当谈起飞叉，总有讲不完的故事。在他的神情和话语中，我们总能感受到这位老人对这项传统技艺的热爱，和对传承三路居开路会的那份沉甸甸的责任。在他的回忆里，每一个名字都是那么清晰，每一个事件都好像发生在昨天一样。最让我们意想不到的是，当这位耄耋之年的老人拿起飞叉时，仿佛时间倒流了一样，他又变成了一个小伙子，任凭飞叉在身上滚转飞舞，丝毫不见岁月的痕迹。

1. 学叉

1937年，姜桂海出生在北京广安门外三路居村的一个农村家庭，他是家里的独子。他的父亲姜振英是村里的热心人，对于侄子姜桂华参与花会的活动也比较支持，在三路居开路会中担任司房的职务，负责管理开路会的开支记账。姜振英家中有几亩耕地，算不上富裕，但生活也还说得过去，作为司房的他，总是力所能及地补贴开路会在财务上的一些亏空。父亲很喜欢姜桂海，朴素温馨的家庭氛围也让姜桂海养成了踏实勤勉的习惯，灵巧好动的性格使他从小在玩伴间的嬉戏中总有不同花样的玩法。

1946年三路居开路会成立时，姜桂海才9岁。他的哥哥姜桂华早已经是三路居开路会文场的骨干了。姜桂海经常跟随着父亲、哥哥去参加花会的活动。那个时候村里没有什么娱乐活动，逛庙会、看花会是姜桂海儿时最大的乐趣之一。每次一到庙会上,不像别的孩子总会盯着新奇的玩具或诱人的小吃,姜桂海总是喜欢追着花会的队伍,看各种各样的"把式"。这些花会中,最能吸引他的就要算飞叉了。当他第一次见到飞叉,就被这种又舞又飞还能发出清脆声音的"玩意儿"吸引住了。从庙会回来,他意犹未尽,趁着旁边没人的时候,也会拿起一些农用工具,当作飞叉转来转去。可惜那个时候的姜桂海年龄太小,也拿不动飞叉,所以他想学飞叉的心愿一直没有达成。

新中国成立以后,三路居村的人们也迎来了新的生活。村里经常会举办一些文艺活动,三路居开路会又恢复了演出活动。好动的姜桂海对于飞叉还是情有独钟。父亲见他喜欢,于是就想着帮他准备一件称手的"家伙什儿"。那个时候,并没有商店专门卖飞叉。父子二人转了好久,终于在菜市口商场旁边一家修理大秤的店铺里找到了两根比较合适做叉杆子的木棍,一根杆子2元5角,另一根杆子3元。直到今天,买叉杆子的价格依然让80多岁的姜桂海老人记忆犹新。那时候,一个烧饼大约5分钱,他们一家三口劳作一个月工资也就20多元。这5元5角钱,也算得上是家里一笔不小的开支。有了叉杆子,但是叉头却还没有着落。于是父亲给他找来了一双棉鞋底子,合在一起和金属叉头的重量差不多。姜桂海就用这把简易的叉自己摸索着练了起来。(图7-1-1)

1956年的4月,丰台区张郭庄举办社会主义新农具推广会,邀请三路居开路会进行开幕表演。由于没有武场,三路居开路会还是只能邀请西铁营开路会的人来表演武场。外请的人有事临时不能来,马上就要演出了,带队的李文庭和大家一合计,来都来了,如果开路会不表演飞叉,光敲锣打鼓,会让人笑话的。于是就叫姜桂海准备上场表演。这可是姜桂海第一次正式表演飞叉,这时

图7-1-1 以改良"鞋底子"制成的练习用飞叉

他只会筛糠、手串、挑翅等几个基本动作。虽然说初生牛犊不怕虎,以前没机会上台的他,总盼着能上台表演,可当这次机会来了,心里还是挺紧张的。姜桂海偷眼一瞄周围的观众,感觉人山人海的,而且还有捷克、匈牙利等外国友人,他觉得十分紧张,心跳得厉害。可是想了想,还是一咬牙,上场了。他努力克制着自己的紧张,眼睛紧紧盯住自己手里的叉,成功把自己会的几个动作连贯地表演了下来。表演结束后,他大口喘着气,场下爆发的掌声、叫好声,让他觉得热血沸腾。台下的外国友人们,第一次见到精彩刺激的飞叉,也都竖起大拇指,称赞他们表演得好。这次表演的成功,让姜桂海特别自豪,不仅在丰台区展示了三路居开路会的"新实力",也向国际友人展现了中国传统文化的独特魅力。

1956年5月,在天安门广场共同庆祝合作化高潮,北京许多民间花会也被邀请到天安门广场进行表演,有五虎棍、秧歌、小车会等二十多个花会参加,三路居开路会也收到了请柬。照例三路居开路会还是邀请了西铁营开路会的武场一起合作表演。第一次能在天安门城楼前表演,大家都很激动,十分珍惜这次机会。姜桂海和会里的文场人员早早就来到了前门的棋盘街等候上场。但是,不知道什么原因,左等右等还是没见到外请的武场人员。看着其他的花会都已经热热闹闹地舞了起来,姜桂海和大家一样心里十分着急,憋红了脸却也说不出话来。这次活动结束后,大家一致认为,要是自己会里面能有几个练叉的高手就好了,再也不用等着请人来表演了。这些话深深地印在姜桂海的心里。在这之后,18岁的姜桂海下定决心练好飞叉,结束三路居开路会只有文场没有武场的状态。

在那个交通和信息都不那么方便的年代,学习飞叉可不是一件容易的事情。起初,姜桂海和村里的几个年轻人也曾经找到了樊家村,由于种种原因人家不肯教。后来又找到盆儿胡同黑窑厂开路会和前门鞭子巷的开路会师父请教。最终,他想起来当年曾经在三路居教过飞叉的李春林。李春林是西铁营开路会的练叉高手,他的师父是有名的神叉太保李永庆。1956年5月,姜桂海再次拜见师父的时候,李春林40岁出头,为人很和善。李春林问姜桂海会不会练叉,姜桂海干净利索地回答"会练"。于是李春林让他练几下看看程度,姜桂海模仿了平时看到的别人练叉的动作,没想到叉踢起来的高度不够,落下来时手没有接住,直接砸在了自己的头上。姜桂海不好意思地笑了笑,但他当作什么都没发生一样,起身就请教李春林为啥自己的叉飞不起来,还砸了脑袋。李春林看见他窘迫而又认真的样子,也被逗得哈哈大笑。不过通过这件事,李春林了解到这个年轻人能吃苦、肯钻研,于是就正式收姜桂海为徒。(图7-1-2)

说起李春林和姜桂海师徒二人,还有个有趣的巧合。李春林是"左件儿",也就是惯用左手练叉的人,这个在练飞叉的人中并不多见。恰好他的徒弟姜桂海也是"左件儿",这不仅方便姜桂海学习飞叉,也是他们师徒之间冥冥之中的缘分。李春林很疼爱这个徒弟,很多动作都耐心地手把手教他。而且每次姜桂海来学叉，还经常留他在家里吃饭。有的时候，姜桂海练完了叉，想帮师父干点农活，李春林都不答应，只是让他多休息休息。一次，师徒二人在练习"过活儿"，就是两个人在空中抛接飞叉。姜桂海一个不留神把叉踢歪了，虽然他用的是棉鞋底子做的练习叉，但上面的钉子还是给李春林的头上磕破了皮。姜桂海十分担心师父，可是李春林也没有埋怨他，只是随手一抹就继续开始练叉了。

在李春林的指导下，姜桂海进步很快。那个时候三路居村的村民干活的心气很高，学叉自然也不能耽误干农活。姜桂海只有在下雨阴天不能干农活的天气才去学叉。有时候，为了找师父学叉，姜桂海要顶着风雨骑上几里路的自行车。然而，学叉不仅是学习招式，对于每一个学习飞叉的人来讲，更重要的是要磨炼自己坚强的意志。白天，姜桂海要在地里忙着干活。为了能多练一会儿飞叉，他每天都要比别人早起一会儿，先练一遍叉再去干活。到上午10点左右，别人开始休息的时候，他又拿起了飞叉再练一阵子。到了晚上，别人回家休息，他抓紧练完叉再吃饭。有的时候一天能练上五六次。姜桂海还特别爱钻研，遇到一些有难度的动作，他还会去四处请教练叉的技巧。南横街开花生店的武殿元、烤肉店的赵文庆等人都是当时北京南城练飞叉的高手，姜桂海也经常去找他们讨教。二十出头的姜桂海，叉不离手，全凭着自己对飞叉的热爱和一股韧劲儿，练就了飞叉的本领。后来，在多种困难的挑战下，许多和他一起学叉的人都放弃了，但是姜桂海却始终坚持。年纪轻轻的他，成了三路居开路会掌握招式最多的人。（图7-1-3）

台上一分钟，台下十年功。在飞叉精彩的表演背后，练叉人要付出更多。

图7-1-2　姜桂海的师父李春林

图7-1-3　青年姜桂海在菜地里练叉

飞叉的练习很容易受伤，胳膊、手、头等部位碰青刮伤都是常有的事情。但是姜桂海从来没有因为受伤或练叉太难太累而间断学叉。1956年6月，刚学叉不久，姜桂海意外患上了脑膜炎，得病后不能练叉这让姜桂海很难过。脑膜炎在当时是比较严重的病，医药费对家里来说也是巨资。姜桂海在三路居大队的信用社借到500块钱治病。脑膜炎好了以后，家里人为了姜桂海的身体着想，劝他不要再继续练武场，改练文场。但是，姜桂海怀着对飞叉的热爱，克服了自身病痛，背着家人偷着练习。幸运的是，姜桂海的脑膜炎没有留下后遗症，他又可以天天摆弄自己心爱的飞叉了。

2. 练叉

1956年三路居开路会的文场武场人员都已经齐备了，自己组织的走会活动也越来越多。但是不论活动多少，都不以营利为目的，这是三路居开路会从开始就立下的规矩。再加上，如果一档会三年不走会，就要重新贺会的传统，因此，逢年过节三路居开路会都会组织外出踩街。所谓踩街，就是逢年过节的时候，花会在自己村里，挨家挨户地进行表演，并送上节日的祝福。各家各户也会在门前摆上一张八仙桌，上面放着烟和茶点等。据姜桂海回忆，以前三路居开路会都很友善厚道，也很"局气"，特别讲规矩。每次踩街的时候，在摆着桌子的户前都要多表演一会，以表示感谢，但从来不吃不拿乡亲们摆在八仙桌上的东西。

在第一次演出成功后，开路会又陆续被邀请参加其他活动。1957年秋天，姜桂海和王振林二人参加白纸坊六工区的联欢表演，这也是姜桂海第一次站在有灯光的正式舞台上表演。虽然此前也有过室内的正式演出，但是舞台高度和灯光位置等不同因素也为飞叉的表演增加了一定的限制和难度。特别是很强的面光，晃得他睁不开眼睛。当叉抛起来，抬头看去准备伸手接的时候，上面的顶灯又十分晃眼，一杆叉在灯光的映衬下，出现了多个重影，让人很难分辨，只能靠平时练习的手感来做正确的判断。经过了一年的练习和学习，二人在飞叉的招式上丰富了很多。为了让表演效果更好，姜桂海在平时的练习中琢磨出一个相对固定的套路。这样在多人表演时能够整齐同步，张弛有度，时刻抓住观众的眼球。这一次的表演掀起了当天联欢演出的高潮，掌声久久不能平息。这次活动还奖励了他们每人一个叉头、一件背心。姜桂海终于有了属于自己的飞叉。这次编排套路的演出成功更加坚定了姜桂海在动作套路的设计和编排上的信心，也推动了飞叉从乡村的室外花会活动到城镇的室内短节目表演的发展。

1957年国庆节，天安门广场举行了大型的庆祝表演活动。姜桂海被选入了北京市组织的飞叉表演队，这一年他正好20岁，刚刚担任了三路居大队的副会计。这是姜桂海第二次走过天安门城楼前的表演，这一次他能够真正作为行进队伍中的一员舞动着手中的飞叉，心中激动不已。在北京市文化局的统一组织下，自9月28日起连续三天集中彩排。每天的彩排十分辛苦，为了在正式活动开始前做好保密工作,彩排都是在夜间进行,从夜晚排练到天亮。10月的北京天气已经开始转凉,深夜更是凉风阵阵,但是大家心中怀着对祖国的热爱和对飞叉的热情,身着统一的短袖衫也并没有觉得冷。表演当天,大家在9月30日凌晨已经准备好,队伍自中山公园出发。飞叉表演队分六排,前三排表演"筛糠",后三排表演"连环翅"。在路过天安门城楼的那一刻,姜桂海也想远远地看一眼,但是飞叉与其他表演项目不同,眼不能离叉,稍有一点走神就会掉叉。作为一名新中国的好青年,能够参与这么盛大的活动,姜桂海倍感自豪。他还把这份自豪转化成了工作的动力,1960年他成了三路居大队的会计,1961年光荣地加入了中国共产党。

还有一次给人留下深刻记忆的演出,是1964年春节在卢沟桥文化馆,由公社组织、有四五百个观众的大型联欢表演,各个村有会的都来参加。这次演出中有一个懂飞叉的老人也拿着叉,但是由于年纪太大就没有现场练。姜桂海在这次表演中除了常规的套路外还展示了高难度动作"大挥翅"。这在飞叉动作中算是抛叉高度最高、一般在室内舞台上很难完成的动作。连续展示两个"大挥翅"后,台下观众都惊讶着不停地鼓掌。在活动结束后,这位老人特意跑来,夸姜桂海飞叉练得好,动作漂亮,姿势标准,而且干净利落。这次演出后,姜桂海在丰台区的各档花会中已小有名气。

1966年至1976年,一切花会活动暂停,飞叉表演也不例外。10年间,虽然没有正式的飞叉表演活动,姜桂海对飞叉的热情和爱惜程度从未减少,对飞叉招式的练习也从未真正停止。起初,他在自家的院子里用木棍比画着简单的动作。但是许多将飞叉抛在空中的招式久不练习,对接叉的节奏和抛叉的力度等方面都会生疏。在这样的情况下,姜桂海又用回了儿时练叉使用的"棉鞋底子",这样练习起来既没有声音扰民,叉头又不会伤人。后来,姜家分家之后,家里的院子没有足够的空间,他总是在晚上提着一个小油灯在河边练叉。就这样,在姜桂海的坚持和努力下,三路居开路会保留了65个飞叉招式。(图7-1-4)

图7-1-4 老人使用"鞋底子"练习飞叉

1976年10月开始，花会活动恢复。在北京市的统一组织下，在天安门广场进行了盛大的表演。三路居开路会飞叉作为表演节目之一，会里的文场、武场共计30多人参加了广场表演。这是姜桂海第三次在天安门广场表演飞叉，这一次心中更多的是欣喜，为飞叉还能继续传承发展而欣慰，同时，积淀了10年，在技巧上也更加沉稳。

3. 教叉

改革开放的春风，吹暖了京华大地。农村里改革开放也如火如荼，人们的生活有了很大的变化，不少三路居人也开始逐步富裕起来。生活好了，对文化活动的需求也越来越高了。此时已经步入中年的姜桂海，心底里关于飞叉的喜爱从来没有减少过。他和哥哥姜桂华心中重整开路会的梦想，再一次被改革的春风唤醒了。经过一番谋划，1983年的大年初一，姜桂华、姜桂海兄弟正式重整三路居开路会，在原来会的名字上将"圣"字改成了"老"字，重新定名为"新善吉庆开路老会"。这个"老"字，勾起了三路居村民们的许多回忆，也表达了兄弟二人对前辈们的敬意。从此，姜桂华、姜桂海兄弟一文一武，扛起了三路居开路会的大旗。哥哥姜桂华担任会长，主要负责会里的日常管理和对外活动等事宜。弟弟姜桂海，主要负责表演和教叉。开路会重整后，三路居村又多了一份熟悉的回忆，并且连续多年积极支持妙峰山庙会、参加地坛春节庙会等大型活动。

1983年，姜桂海担任村里养鸭场的书记，虽然工作有些忙，但他只要闲下来就会想着开路会的事情。三路居开路会重整后，遇到的最大的难题就是人手短缺，特别是武场的练叉人。姜桂海本想着还请自己的师父李春林来教叉，可是师父却在这年不幸离世了，这让姜桂海心里很难过。李春林不仅是他的好老师，也是舞台上一起表演的好搭档。回忆起和师父学叉的点点滴滴，他知道把飞叉一代代传下去一定是师父未尽的夙愿，这也使他更坚定了要让飞叉技艺发扬光大的信念。

为了解决人手问题，姜桂海自己也带起了徒弟。他的儿子姜立中，顺理成章地成了他第一位"徒弟"。平日里看起来和蔼可亲的慈父教起飞叉来却极其严格，从站姿、步态、持叉、表情都细致地纠正。儿子在学叉的过程中受伤了，他从来都是嘴上不说，疼在心里，包扎好后继续练习。在教叉中，姜桂海有一套自己的方法，就是不论学了多少"玩意儿"（飞叉招式），每次练习都要先把所有学过的练一遍，没有错误之后，才能再学新的招式。这样的教法虽然会让学的人很累，但凡是学过的招式便会记得很扎实。这种教叉方式也一直沿用至今。没多久，姜桂海把哥哥姜桂华的儿子姜利甫也收为徒弟，带着一起练叉。从此，每到晚上，总能看到他们在小河边练叉。后来陆陆续续，也有村里的年轻人过来跟他学叉，也有外面的人慕名来到三路居向姜桂海请教飞叉技术。但由于练飞叉特别辛苦，真正能坚持下来的人却没有几个。

1999年，姜桂海想要在自己的孙辈里，也挑选几个人学叉。最终，只有外孙赵智力通过了他的考验。面对12岁的外孙，姜桂海既想严谨细致地教，又心疼孩子会受伤。令人欣慰的是，赵智力并没有让姥爷失望，如今已是开路会中年轻的骨干之一。转眼到了2007年，逢姜桂海七十大寿，徒弟们提议举办一个拜师仪式，于传利、刘士阳、张东伟、金恒志、王昆、闵立刚、尹征七人正式拜师姜桂海，并加入三路居开路会。（图7-1-5）

从这以后，姜桂海几乎每天早上都会坚持带着徒弟们练叉一个多小时。为了不让徒弟们饿着肚子回家，姜桂海还会给徒弟们准备好早饭，练完了大家聊着天吃饱了再各自去忙工作。在姜桂海的带领下，徒弟们很快也都掌握了练叉的技巧。他们不仅成了飞叉技艺的传人，也使三路居开路会形成了一支实力强劲的武场队伍。（图7-1-6）

前几年，曾经有人赠送给姜桂海一个"南城飞叉王"的锦旗（图7-1-7）。他却坚持说"这个旗不能挂"。他谦虚地认为自己没有那么大的声望。赠旗人却说"并不是因为您会练多少玩意儿，而是因为您80多岁还能坚持练叉、教叉"。的确，飞叉是姜桂海一辈子的爱好。他对这项传统技艺的热爱和执着，为今天飞叉技艺的传承做出了很大的贡献。如今，80多岁的姜桂海依然坚持练叉，飞叉在他的手中还是那么的灵巧，姿势还是那么的帅气。虽然有些难度比较大、需要抛接的大动作他完成起来有些吃力，但是在他的指点下，徒弟们已

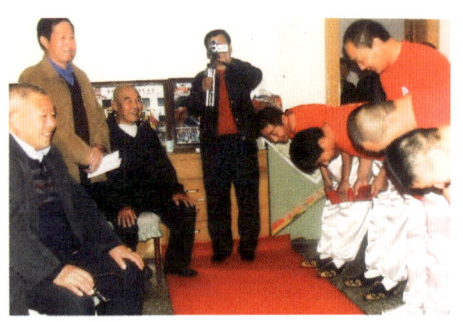

图7-1-5　姜桂海七十大寿徒弟们拜师仪式

图7-1-6　姜桂海在金中都遗址公园教授孩子们飞叉技艺

图7-1-7　赠姜桂海"南城飞叉王"的锦旗

经基本掌握了这些技巧。练叉已经成了他的一种习惯。他刻苦的精神也感染着三路居开路会的后来人,形成了开路老会的凝聚力。现在每个周末的早上,开路老会的人不论老少,都会不约而同地聚在一起,互相切磋技艺。姜桂海也为三路居开路会能够后继有人而倍感欣慰。

我们在对姜桂海老人的访谈中,他不止一次提到,练叉就是要能坚持、能吃苦。回想起开路老会在不同年代遇到不同的困难,却依然能存活在当代这样生活多彩、科技发达的社会环境下,这与姜桂海等人的坚守和努力是分不开的。对于自己倾注了大半辈子热情的飞叉技艺,老人也多次流露出对其传承的担忧和顾虑。飞叉,如今不只是姜桂海生活的一部分,作为北京非物质文化遗产的一部分,更是一种传承。

二、第二代传人

姜利甫和姜立中是三路居开路会第二代传人中的代表性人物。在多次的访谈中,这对堂兄弟给我们留下了十分深刻的印象。弟弟姜利甫受父亲姜桂华的影响,对组织开路会的活动等对外事宜负责得更多一些,性格外向,沟通起来侃侃而谈。哥哥姜立中受父亲姜桂海的影响,对飞叉的招式研究和教叉等方面更加擅长,在访谈中带着一丝腼腆,但对飞叉的动作和自己经历的事件总是能准确无误地讲述,尤其在飞叉的动作方面,经过多年的练习实践,总有自己独到的见解。目前,兄弟二人担负起父辈们交给他们的重任,两人一内一外。弟弟姜利甫担任三路居开路会的会长,负责组织活动。哥哥姜立中负责组织练叉与教叉。

1. 传承

姜立中1959年3月出生,他是姜桂海的第二个孩子,也是家中唯一的儿子,他称呼姜桂华"二大爷"。两年以后,1961年11月,姜桂华的儿子姜利甫出生了,他是姜桂华的第二个孩子,他称呼姜桂海"五叔"。两个孩子都出生在三路居村,也都赶上了国家三年经济困难时期。但幸运的是,三路居村土地肥沃,兄弟二人在各自父母的养护下并没有挨饿受苦。

小时候,两家住得很近,两兄弟也是姜家孩子中玩得最多、感情最好的。那时候,姜立中、姜利甫两兄弟没有什么像样的玩具,家里也没有什么娱乐活动,随着父辈们参加三路居开路会的活动,是他们最开心的时刻。锣鼓声一响,他们就会跑过来,站在一边看热闹。大人们休息的时候,他们会拿起鼓槌胡乱地敲打一番。有的时候,他们也会壮着胆子,好奇地摸摸飞叉,可是由于叉杆比较重,他们只能拿树枝或者扫帚当作飞叉比画几下。记得一次三路居开路会在长辛店演出,姜立中、姜利甫跟着大人们一起走会的时候,他们听到观众议论自己的父辈们叉练得好、文场打得带劲,心里别提多美了。那时候,还有村里人打趣地编了个顺口溜,"姜桂海会练叉,娶个老婆叫孟花"。虽然,小时候一听见这个顺口溜,姜立中还觉得不好意思,可是现在想想,这也是附近十里八村对父亲飞叉功夫的肯定。

那时姜利甫和姜立中还小,但父辈们对开路会的付出和对飞叉的热情,在他们心中产生了很大的影响。许多事情至今都令他们印象特别深。有时候,姜桂华在忙完一天的农活后,会跑到自家的院子摘一些黄瓜、西红柿等时令蔬菜跑去城里卖,可是卖了菜却不见赚的钱。原来,他是偷偷地把这些钱都花在了会里。为了维护会里的人气和凝聚力,排练完了,总要"犒劳"一下会里的老少爷们。还有时候,姜桂华会带着练叉的伙伴们回家吃饭。那时候,一家人能够吃饱已经非常不容易,更别说带着好几个大小伙子来到家里吃饭。虽然,没有什么特别的东西吃,大伙聚在一起吃着白菜丝、咸菜丝,啃上个馒头也觉得很高兴。在外人面前妻子总是给他留足了面子,但是等客人走后却会不开心地与他嘟囔几句。

特别是第一任会长李文庭年纪大了,需要有人继续张罗三路居开路会的时候,妻子并不太同意姜桂华牵头。李家开了两个小商店,家境相对殷实。相比起来,自家是靠务农为生,牵头办会给家里带来更大的经济压力。但是姜桂华却十分爱惜这个会。有一次,姜桂华为了请武场的人来会里帮忙,自己从三路居骑自行车到东坝,一来一回50多公里的路,用了整整一天的时间。到达之后,为了表示感谢,还自掏腰包买了10块钱的猪头肉。10块钱在当时,对务农的家庭来说,并不是小数目。妻子不让他操持三路居开路会不仅是因为花钱多,也是因为心疼他,自己不舍得吃穿用,都尽量省下来贴补开路会。姜利甫总能看到母亲一边偷偷地掉眼泪,一边为父亲洗涮缝补外出活动的衣服。伴随着妻子的爱和怨,姜桂华从参与到成为会长,为开路会的存续与发展付出了很多。那时姜利甫虽然小,但是把家中发生的一切都记在心里。

1966年至1976年,一切花会表演暂停期间,姜利甫的家便成了孩子们一个"好玩"的去处。那时候开路会的会长还是李文庭,飞叉表演暂停,大家都以为开路会就此解散了。但是姜利甫的父亲十分爱惜这些文场的"家伙"(文场中所使用的打击乐器),悄悄地将这些开路会的宝贝收藏在自己家中,等待来日开路会恢复表演时能继续使用。姜立中经常跑到二大爷家里与弟弟敲打玩耍一阵。姜立中清晰地回忆,二大爷家北房三间,中间是堂屋,西边一个屋,东边一个屋。一进堂屋门,在东墙上有一个一米左右的大方柜,柜上放着菜板,底下一层柜里放着锣、镲、蹦子(板鼓)。院里还有一棵大枣树,孩子们经常把鼓绑在枣树上敲着玩。在玩闹嬉戏中,兄弟二人也慢慢练成了文场的技能。那时没有花会表演,但是大家也没有让这些"家伙"和技能荒废掉。村里有丧葬仪式,姜桂华便组织文场的人员到场帮忙。就这样,开路会保持着隐形的凝聚力。

十一届三中全会召开后,改革的春风也吹进了三路居村。姜家两兄弟也长成了20多岁的小伙子。飞叉对于他们来讲，也不再是儿时那个又重又长的大家伙了。1979年前，哥哥姜立中就偷偷地模仿着父亲姜桂海练起了武场。他经常悄悄地跟着父亲到河边看父亲练叉。父亲发现后，把自己学叉时用的"鞋底子"式的飞叉给了姜立中。姜立中从小就是一个好动的孩子，父亲做什么都会跟着学几下。小时候家中院里有一个大葡萄架，父亲会练一些爬杆的动作，他也学了"夹旗""顺风旗"等动作；父亲会练一些单杠动作，他也跟着学了"大车轮""小车轮""倒挂金钟"等动作；父亲会抖空竹，他也学会了抖空竹。就这样，有意无意间，姜立中跟随父亲学会了许多武场招式。后来，姜利甫看着哥哥练飞叉觉得很好玩，也过来一起学。虽然没有学会几招，但是兄弟俩还是偶尔会拿着铁锨假装飞叉在伙伴们面前卖弄几下。看着铁锨在他们手中转来转去的，大家羡慕不已。在玩耍中，吸引了张东伟、刘士阳几个经常在一起玩的小伙伴们，都跟着练起了飞叉。

1980年以后，三路居开路会练叉的人手特别短缺，能上台表演的只剩下两三个人。于是姜桂海开始正式教姜立中、姜利甫学飞叉。姜桂海亲自找来一根榆木的杆子，刮好了送给姜利甫。他们有的时候在家中的院子里练，有的时候在莲花河边练。正式学飞叉的动作就有些难度了。姜利甫第一次学习抛叉离手的动作时，就被飞叉重重地打在了脸上，留下一条紫色的淤青，他也没当回事，继续练了起来。回到家里，妈妈看了心疼，不想让他继续学飞叉了。可是姜利甫第二天还是乐呵呵地跑去找五叔继续学叉。姜立中回忆起刚学叉的时候，胳膊上也是常被叉杆磨破，结起细小的痂，就像小鱼鳞一样。但是不管遇到什么困难，兄弟两个都没有放弃对飞叉的执着。

1983年，三路居开路会重整后，参加了卢沟桥乡文化中心组织的踩街活动。正月初一，姜立中、姜利甫跟着姜桂海登台表演，姜桂华带领着20多人的文场队伍为他们伴奏，这也是他们第一次上台使用真叉表演。"打仗亲兄弟，上阵父子兵"，演出前一天晚上，兄弟俩兴奋得睡不着觉，可是到了第二天，真的要上台的时候，他们开始紧张了。两人故作镇静彼此安慰，虽然嘴上互相调侃着，各自心里却早就打起了小鼓。当锣鼓点敲起来，在父辈们的鼓励下、在观众们期待的目光中，兄弟两个怀着紧张的心情拿起飞叉走上了场。为了确保演出效果，两人选择了平时比较熟练的几个基本动作，即便如此，还是偶尔会有叉掉在地上的情况。但是，姜立中、姜利甫的第一次演出还是得到了观众们特别热烈的掌声、叫好声。正月十五的第二次踩街活动，他们再次登场演出，两人都放松了许多，不仅叉没掉在地上，还会冒险表演几个平时在台下还没有练好的动作。这两次演出，两兄弟不仅得到了观众的认可，也得到了三路居开路会各位长辈们的肯定。回想起观众们热烈的掌声和期待的眼神，两兄弟似乎理解了父辈们为什么在如此艰难的日子里仍要坚持传承开路会和飞叉，再想想三路居开路会此时很缺少练叉人，于是他们深深感到自己身上的责任，有了更大的动力去练习飞叉。

（图7-2-1）

直到开路会恢复正常活动，姜立中、姜利甫、刘士阳、张东伟等人已经作为新一代的中坚力量加入到飞叉队伍中进行正式的表演了。

2. 保护

自卢沟桥乡文化中心演出后，姜立中和姜利甫在工作之余练叉更加自觉和刻苦。随着走会活动越来越多，二人的表演经验也越来越丰富。姜立中在表演飞叉时有自己的个性和习惯，如果是踩街活动，他会在不同的地点展示多次，但若是在专门的一场表演时，他不像别人一样将几个动作来回展示，而是不管自己会多少动作，总是将会的动作全部练完一遍后

图7-2-1　青年姜立中练叉

就下场。这个看似有点小个性的习惯大大推动了姜立中在日后研究飞叉的创新动作。

三路居开路会重整后，随着活动的增多，文场乐器的使用频率也多了，经常有乐器损坏。姜利甫印象最深的是自开路会成立以来的一个5.5公斤的大铜（大镲）。那时添置一件新的文场"家伙"也十分不易，为了省钱，姜利甫特地赶到河北保定一个专门定制的地方，加了一点钱以旧换新，买回一个新的大铜。那时候对保留老物件的意识没有那么强烈，现在回想起来姜利甫十分后悔，哪怕是破旧的东西，也是历史的痕迹。到了20世纪80年代中后期，由于飞叉过于小众，几乎没有厂家专门生产叉头，想买到一把叉头更是难上加难。见到村里有金属加工厂，于是姜利甫便想着买一些铜板、铁板自己请工厂里的工人帮忙做。那个时候，他的工资也就百十来块钱，加工一个叉头手工费就要30多块钱，他狠狠心还是做了两个叉头。为了表示纪念，他还请工人在叉头上刻上了年月日。此后，在叉头上刻上年月日和编号，也就成为三路居开路会定制飞叉的传统。

20世纪80年代，姜立中和姜利甫兄弟二人随着父辈们一起参加北京城里的庙会等演出活动，兄弟俩的飞叉技术也越来越好，三路居开路会在北京的花会中也小有名气。1993年，中断了几十年的妙峰山庙会要恢复举办的消息传来了，没想到三路居开路会也收到了请柬，大家都开心得不得了，姜利甫、姜立中也摩拳擦掌期待着这个日子。到了农历四月初一，姜桂华去村里借了一台敞篷的"一三零"大货车，大家拿起"家伙什儿"，开心地跳上车。那时去妙峰

山还是土路，虽然一路上尘土飞扬，大家还是有说有笑，饿了就啃上几口随身带的干粮。姜立中为了显得正式，还特意穿上了新买的呢子西服。在采访中，问起他穿着西服如何表演时，他不好意思地笑着说："里面还穿着背心儿呢，演出的时候就脱掉了。"那时的妙峰山，虽然重修了庙宇，但是山门还是挺破旧的。姜立中还记得，有其他狮子会的人调皮地爬到门口那对石狮子上，大喊着"狮子把山门"，不让其他会的人进去。这是他们第一次参加妙峰山庙会，从此以后每年都坚持参会，截至2021年，三路居开路会已经连续28年参加妙峰山庙会。

随着兄弟二人的不断成长，姜桂华与姜桂海也慢慢地让兄弟俩在开路会的活动中一点点历练。2010年，80多岁的姜桂华身体越来越不好，他躺在病床上却始终放不下这辈子爱惜的飞叉和一手操持的开路会。这些年儿子在会中成熟不少，姜桂华都欣慰地看在眼里。姜桂华得了中风后，身体行动不便，但还是坚持着和三路居开路会一起出去走会。每次姜利甫带着几个小伙子专门推着轮椅，陪着父亲。即便是参加妙峰山庙会，只要老人家身体允许，姜利甫也要带着大家把老爷子坐轮椅抬上去。（图7-2-2）

岁月不饶人，姜桂华的身体越来越不好。有一天，他把姜利甫叫到病床前，深切地拉着儿子的手说，开路会能走到今天不容易，希望儿子能接替自己的位置继续让开路会发扬光大。并嘱咐姜利甫，开路会在现代的生活中会越来越不好发展，希望儿子能竭尽所能千万不要让这项技艺消失了。姜利甫回忆这段过往数次哽咽。他没有让父亲失望，2010年父亲去世后，姜利甫挑起了开路会这个重担。平日里经常跟着父亲在队伍中跑闹，虽然知道父亲在会中付出很多，但没想到真正地组织一个会这么不易。从联系人员到组织活动现场、从关注国家政策到推广开路会，姜利甫在五叔等会中老成员的协助下，将开路会不断发展起来。姜利甫也决心将开路会保护好，并寻找到更好地与当代生活结合的发展方式。（图7-2-3）

2015年时，55岁的姜利甫在三路居老年活动站当起了副站长，在村里领导的支持下，在老年活动站里特意给了三路居开路会两间房。一间用于存放会里的文场乐器，另外一间被姜利甫改造成了一个小的"飞叉博物馆"，他把珍藏在家里的很多老旧物件搬了过来。有了上次申请非物质文化遗产时找不到材料的教训，姜利甫把这些年所有关于三路居开路会的东西收集了起来。经过这一整理才发现，这么多年的收藏品还真不少，有参加活动的请柬和节目单，有与其他花会往来的礼节性文书，还有演出用的道具等，光照片就搬来了三大箱。他还购置了几个玻璃柜，把一些特别珍贵的老物件都摆出来，让原本不大的房间，挤得满满当当，却又井井有条。姜利甫对每一件藏品都如数家珍，讲得出它们背后的故事。这间坐落在半地下室里的小博物馆，与旁边高楼林立、充满着现代化气息的丽泽商务区形成了鲜明的对比。虽然，知道这个小博物馆的人并不多，但是这里保存着三路居开路会半个多世纪的历史，更留存了许多人关

图7-2-2 姜桂华坐轮椅坚持参加走会　　图7-2-3 姜利甫带领三路居开路会参加妙峰山庙会

于三路居的记忆。（图7-2-4）

3. 创新

在练叉人的心中，一把称心的"家伙什儿"甚至比自己的命还要重要。最初飞叉的叉杆是木头做的，要磨得十分均匀、顺滑，但是这样的叉杆在练习过程中掌控难度比较大，尤其是冬天，叉杆与衣服的摩擦，非常不好掌控。姜立中小时候练叉觉得非常有意思的事，还有跟父亲姜桂海用小火炉子熬蜡。这种蜡是用香油炸黄蜡，再加上一点松香熬制而成。熬完后倒在一个小铁盒里存放，每次练叉时抹在上面，能够增加阻力、防滑。后来，有人将布裹在叉杆上，每次练叉前在裹着布的叉杆上喷水，练习起来比涂蜡的方法更加方便一点。

随着国家对非物质文化遗产的重视，三路居开路会在周围社区的影响力越来越大，成员也越来越多。2017年，大家聚在一起练叉，任福春（姜桂海的徒弟）在叉杆上有了一个妙计，灵感来自平时玩的乒乓球和羽毛球。他发现球拍的手柄处材料手感非常好，如果将这种手胶缠在飞叉的叉杆上，吸汗、防滑，比木杆有缓冲力，能有效降低受伤的可能。于是，任福春试着将球拍的手胶裹在叉杆上，果然效果超出预期。任福春的这一改良，解决了叉杆滑的问题，

图7-2-4 新善吉庆开路老会博物馆牌匾

通过缠带也能使叉杆更加平整均匀,既方便又美观。这种方式一直沿用至今。

三路居开路会自第一代传人姜桂海开始,便有不少"左件儿",但是在那个年代,物资紧缺,飞叉制作本就不易,能买到的飞叉都是右手叉。1990年,王书春加入开路会。王书春动手能力很强,喜欢自己研究着做东西,加入开路会后,与大家十分投机,看到姜桂海等"左件儿"成员使用的是右手叉,在练习精妙高超的技艺动作时还要总想着叉头是不是会转松脱扣,这触发了他为"左件儿"研制左手叉的念头。很快,在姜桂海、王书春、姜立中、姜利甫等人的改良下,制作了一批左手叉。三路居开路会在实践中,将飞叉进行改良和研制,很大程度上推进了飞叉的发展和创新。

除了在飞叉的制作方面有创新外,姜立中作为第二代传人,在借鉴其他地区动作的同时,不断完善和改进飞叉表演技法,并创新了三路居特有的飞叉动作。在单人动作上,创新出左右侧面小踢、单盘肘双盘肘、双花纺线过腿掉金背、前后挥翅加五花等十多个动作。更值得一提的是,2012年前后,姜立中偶然听到了双人同练一把叉的事情,爱钻研的他便产生了浓厚的兴趣。于是他和于传利两人也试着练了起来。起初一些简单的动作他们俩还配合得比较顺利,随着双人动作越来越难,偶尔也会失手砸伤对方,有的时候因为配合不好争吵几句,但是两人还是坚持研究了不少双人动作。他们坚持练习了两三年,几乎天天都凑在一起练习。到了2015年,他们已经能够将交替单打、过桥、戏水、脚花入挑翅、交替小挥翅、戏水云里翻等多组动作进行串联,练成双叉合璧的技艺。目前,三路居开路会的双人飞叉技艺在全国的开路会中也是屈指可数的。(图7-2-5)

如果说我们在姜桂海等第一代传人的身上能够感受到他们对飞叉的那份执着和挚爱,那么在现代化飞速发展的今天,我们在姜立中、姜利甫等第二代传人的身上也能够看到他们对飞叉传承与保护所做出的努力和其中的不易。如今,飞叉技艺已经不是他们儿时嬉戏时的乐趣,而是他们在当下肩负的责任。

图7-2-5 双人飞叉

三、第三代传人

谈起三路居开路会未来的传人,所有成员都会想到一位85后的年轻人。他叫赵智力,是姜桂海的亲外孙,出生于1987年,是三路居开路会年轻一代中飞叉技术最好的人。赵智力毕业于北京联合大学,曾经担任生物化学工程学院学生会主席,毕业后干了几年公务员。可是生性好动的赵智力,自诩有点"非主流",他觉得这份工作略显沉闷,便毅然辞职加入了自己喜爱的教育培训行业,为自己的理想而打拼。现在才30多岁的他,先后就职于新东方、网易等大型企业,在这个行业中属于佼佼者。如今拿起教鞭的他,和已经退休的姥爷舅舅们共同坚守着自己钟爱的飞叉。

1. 学叉之路

赵智力戴着眼镜,文质彬彬,说话不紧不慢,略显得有些儒雅。在学生面前,看似温文儒雅的他却金句连连,不经意间流露出了诙谐幽默的气质。如果不是事先知道,恐怕很难把这位英文教师和练习开路飞叉的民间艺人联系在一起。赵智力本人也喜欢给自己贴上一个"非主流"的标签,他经常骄傲地向朋友们、学生们介绍自己是一个教英语的"非遗"传人。

赵智力是姜桂海的小女儿姜丽敏的儿子,也是姜桂海四位孙辈中最小的一位。偏巧姜桂海的这几位孙辈全都是男孩,姜桂海高兴极了,心里想着自己的飞叉技艺终于可以后继有人了。可是,事与愿违,作为物质生活丰富起来的80后一代,这四个孩子当然更喜欢看电视、打游戏、逛游乐园,为什么要来学习飞叉,这么苦、这么难、又这么容易受伤的"绝活儿"呢?

但是,赵智力却显得有些"非主流"。1995年,姥爷姜桂海曾经组织三个哥哥一起学习开路飞叉,地点就在家门口的河边。都说人是隔辈亲,怕他们受伤,姜桂海特意给每人都制作了一杆用地毯做成的小号飞叉,这可比当年给自己儿子姜立中用的飞叉好多了。姜桂海给出了重赏的承诺,谁能把开路飞叉学成,就奖励谁1万块钱。然而重赏似乎并没有起到什么作用,三个哥哥纷纷放弃了,最能吸引他们的还是凑一起打篮球、看电视、玩游戏机。那一年赵智力8岁,还不太清楚钱为何物。但是他似乎和三位哥哥不太一样,他经常会聚精会神地看着姥爷练叉。姜桂海在他的身上,仿佛看到自己小时候的影子,敏锐地发现了赵智力对飞叉似乎有着和其他人不一样的兴趣。

时间又过了4年。1999年,在赵智力12岁的时候,他已经长成了一个结实的大男孩,个子和飞叉杆子差不多高,平衡感也更好了。面对自己的孙辈,智慧的姜桂海老人,改变了策略。他不仅把原本一次性的重赏化整为零,而且从兴趣入手开始培养赵智力。起初,姥爷先从热闹的庙会入手,他问外孙喜不喜欢跟他一起去庙会。赵智力第一次去庙会见到了许多新鲜的玩意儿,有各种各样平时不常见的小吃,也有丰富多彩的表演,更有琳琅满目的玩具可买。对于一个12岁的小孩来说,有吃有玩有看的庙会,还是相当有吸引力的。为了吊起外孙的兴趣,姥爷承诺年年带着外孙去庙会,从初一到初七,羊肉串、烤鱿鱼、糖葫芦、拨浪鼓,只要是赵智力喜欢的,姥爷都会买给他。

在这次庙会之后,爷孙俩定下这份约定,赵智力也拿起了一杆小号"鞋底子",开始学习开路飞叉。说起1999年7月刚开始学飞叉,赵智力仍然记忆犹新。那时,赵智力还是一名小学五年级的学生,每天中午放学后到姥爷家先学会儿叉,再吃饭。刚开始正式学叉,他就差点反悔了。第一天练完叉回家,他的胳膊就红了,两三天后胳膊由红变肿,再练两天就成了黑紫色,胳膊一黑就是一个多月。小时候,赵智力也是个好动调皮的孩子,在学校不认真听讲,不写作业,气急老师的时候最多也就被母亲打三下手板。可自打开始练习飞叉,对他来说简直就像每天自打一百下杀威棒一样。赵智力还嘟嘟囔囔地给飞叉起了个"杀威棒"的绰号。母亲看到赵智力黑紫色的胳膊,心疼地跟自己的父亲嘀咕了几句,不舍得让自己孩子这么辛苦。姜桂海也很心疼赵智力,但还是拒绝了女儿的请求。在赵智力的心中其实也暗暗地憋着一股劲,就是一定要学出个样子来。他忍着疼痛,依然提着飞叉来跟姥爷练习。在痛并快乐中,赵智力度过了初学飞叉的"痛苦期"。回忆起刚刚接触飞叉时的苦,赵智力也逗趣地说自己是一个被好吃的诱惑了的小胖子,要是现在可能也坚持不下去了。(图7-3-1)

赵智力在三路居开路会的武场里,也是个"非主流"。赵智力学叉的速度快于常人,震惊了所有同门。他几乎每周都能学会一个新的飞叉动作,就这样学了三个月,相比于其他学生,不仅进步快,他的动作更加舒展、自如,有青出于蓝而胜于蓝的架势。除了学得快以外,赵智力和姥爷姜桂海一样,也是个"左件儿",而且是天生的左撇子,他和姥爷两人可以用左手相互"过活儿",更多了一份默契。1999年国庆节,在西铁营参加踩街表演,爷孙俩就已经被安排在最后压轴上场。赵智力不论是悟性、姿势、台风,都成为让人人都竖大拇

图7-3-1 14岁的赵智力和姜桂海在妙峰山庙会

指的后起之秀。别人都是放学出去踢球、打游戏，赵智力这个"非主流"，却跑到姥爷家学习开路飞叉。但是，作为一个85后，他可以不出去撒欢，但是不可以不学习呀！2003年，赵智力正值高中二年级，即将来临的高考给他带来了相当沉重的课业负担，迫不得已他只能停下练叉，开始全力备战高考。

2005年赵智力终于摆脱高考这座大山，成功考入大学，有了更多自己能支配的时间。在姥爷的鼓励下，赵智力决定把开路飞叉再"捡起来"。才两年没有怎么碰叉，他的技术就生疏了不少，练叉的时候也总会出现一些小的事故。2005年10月，在一个秋高气爽的早晨，赵智力伴着闹铃醒来，满心欢喜地扛着久违的飞叉走进大学的操场。可是，练了还不到10分钟时间，他就给自己"开了瓢"。将近两年的时间他都没有摸过叉，在练习曾经非常熟悉的"五把轮子"动作的时候，由于速度过快，飞叉竟然脱手了，一个叉刃直接打在了他的太阳穴上。据他描述，当时感觉脑袋像被枪打进一发子弹一样，钻心地疼。眼冒金星的赵智力用手捂住脑袋蹲在地上，等了将近5分钟的时间那股疼劲儿才有所缓解。等他再次睁开眼睛的时候，看到鲜血已经流到地上一大摊。他一手捂着脑袋，一手拎着飞叉，往医务室跑。当他走进医务室的时候，把医务室值班的校医吓坏了，连忙问他："是和谁打架去啦？怎么被人打成这样？报警了没？是先打了别人，还是被别人打了？班主任是谁？系辅导员是谁？"一通审问后，校医才信了，赵智力没跟人打架，是练飞叉自己打的。看到赵智力头上一道3厘米长的大口子，校医建议他，赶紧去附近的医院缝针。对于坚强的赵智力来讲，从小就被打过几万"杀威棒"，练踢腿时迎面骨常年磨得血葫芦一样，这点伤，他并没有放在心上，只是坚持让校医上了点云南白药，贴了个胶布，就作罢了。

如今，看赵智力右侧太阳穴，依然能够清晰地看到一道长条伤疤。当谈起这件往事，赵智力会指着伤疤，调侃地说道："都没有被飞叉'开颅'过，咋好意思说自己练过开路飞叉呢。"他这种乐观而坚强的精神确实让人感动。姜桂海和姜立中同样具有这种坚韧的精神，也都因练叉而受过伤。正是这种世代相传的坚韧精神，才成就祖孙三代对飞叉技艺连绵不绝的坚守。现在，这份坚韧也正在传承给第四代人。从2017年起，也就是赵智力的儿子赵宏源1岁的时候，赵智力就年年带着他跟着三路居开路会参加庙会表演。2021年，小宏源5岁了，他拿着玩具叉跟在爸爸、舅姥爷的后面模仿着练叉。虽然，此时地点还是在三路居，但是昔日的小河边已经变成了高楼大厦，可是在小宏源的眼神里，我们仿佛可以看见当年姜桂海的影子，一位少年的眼睛里闪烁着对上下翻滚着的飞叉的好奇，和对大人们练叉的羡慕。飞叉作为一项可以强身健体的运动，它不仅锻炼了我们的身体，更磨炼了我们的意志。这也是飞叉与其他中华优秀传统文化所共有的魅力之一，它所传承的不仅仅是技艺上的"美"，更重要的是一种属于中华民族骨子里的坚韧。（图7-3-2）

图7-3-2 四代人同台表演飞叉

2. 传承之路

作为会里最年轻的骨干成员,赵智力一直以姥爷姜桂海为榜样努力练习飞叉,不论严寒酷暑,总能在清晨看到他练叉的身影。他甚至还放了一把飞叉在办公室,一有机会就要练几下。现在,他已经熟练地掌握了30多套飞叉动作。可是他却从来没有自满过,反而有些自责,总怕飞叉的技艺在他手里再打折扣。他曾经说过:"姥爷现在80多岁还依然可以练出60多套飞叉动作。听说有的地方飞叉能练到110套动作呢,可是我却只能练上30多套动作,总感觉有些惭愧。"

在2014年10月,赵智力的婚礼上,舅舅姜利甫为了让场面更热闹一些,就把三路居开路会的文场和武场都请过来助兴。当赵智力坐在婚车里抵达婚礼现场时,远远地就听到了锣鼓喧天,听着熟悉的节奏,再看到了飞舞的钢叉,心里还真有些痒痒。他若不是今天的新郎官,还真是特别想去练上几下。每当回忆起婚礼的场面,赵智力总是觉得很骄傲,他说别人的婚礼都是礼花、鞭炮,而飞叉却给他的婚礼带来了与众不同的传统文化印记。

从小到大,飞叉给赵智力留下了许多难以忘怀的记忆。作为三路居开路会未来的接班人,他心里也深知把飞叉传承下去是很重要的一份责任。他曾经计算过,在2021年,中国知道飞叉的人可能不会超过万分之一。而会练开路飞叉的可能就更少了,总规模应该不会超过1000人。随着时间的推移,赵智力相信这个数字只会越来越少。他发现随着经济社会的发展,不同于"30后""40后"爷爷辈的这代人面朝黄土背朝天地干着农活,"50后""60后"都进了工厂或者下海经商,很少有人在年富力强时练飞叉。而"90后""00后"的这一代,学业比"70后""80后"更重,娱乐形式也更丰富。对于21世纪的新生代,他们所面临来自物质世界和精神世界的诱惑,更是史无前例。用他的话说,"逛庙会、吃羊肉串、烤大章鱼、看舞龙舞狮,这和看动画片、打游戏、看综艺节目比起来,简直是弱爆了!"那么,如何让这些新生代更好地了解和传承这项宝贵的非物质文化遗产呢?

2017年8月，赵智力获得了一次尝试的机会。在他的推动下，三路居开路会第一次走进校园，开展非物质文化遗产的传承活动。来自北京市海淀区育英中学20多位学生，参加了开路飞叉的体验式学习。在准备过程中，赵智力十分担心，他反复和舅舅商量，如何能让孩子们有更好的体验，但又不能让他们受一点儿伤。他幽默地总结出了"四大怕"：一是家长怕孩子受伤，二是老师怕学生受伤，三是孩子怕自己受伤，四是师父怕徒弟受伤。总之，所有人都怕！可如果大家都保持恐惧的态度，那么还怎么能学得成飞叉呢？为了能让这次飞叉进校园活动顺利地开展，他们想起当年初学时用棉鞋底做的叉，有了这个保护，再多带一些人手，采用人海战术，严防死守，就应该能避免同学们在学习飞叉的过程中出现意外。就这样在担惊受怕中，三路居开路会顺利地完成了这次教学任务。在学习的过程中，孩子们很开心，赵智力和三路居开路会的每一名老师也都十分开心。看到了这么多小孩子学习飞叉，他们仿佛感受到了新的希望。可是在体验活动之后，有一个比较尴尬的情况：没有孩子主动找他们继续学习飞叉。也许是家长觉得这项飞叉，远不比数理化对于孩子未来的影响更直接，这也让赵智力觉得有些失落和迷茫。

2019年6月，丰台区在卢沟桥举办的一次非物质文化遗产展示活动，让赵智力对传承飞叉有了新的想法。这场展示中有许多花会的会长，虽然他们以四五十岁居多，但是赵智力也看到了许多30多岁的传承人。虽然大家都分属于不同的项目中，但是他发现在传承非物质文化遗产的道路上，他并不是一个人在孤军作战。最近几年，党和国家对中华优秀传统文化非常重视，在新闻联播里常会看到党和国家领导人在各地视察的时候走访当地的"非遗"项目。这给了他更多的信心，虽然他明白这条路漫长而又曲折，但是他知道只要能够坚持下去，就一定会有收获。（图7-3-3）

"非主流"的赵智力还有一个美好的愿望，这要从前文提到的那位中国杂技团的外籍飞叉演员桑巴友说起。赵智力这位"教英语的'非遗'传人"，充

图7-3-3 赵智力参加丰台区"文化和自然遗产日"宣传展示活动

分地利用了自己的语言优势，很快就和桑巴友成为一对好朋友。同时，他也一直动员舅舅姜利甫，一定要把桑巴友邀请入会。桑巴友的正式入会，是三路居开路会迈向国际化的第一步。走出了第一步，就更加坚定了赵智力让飞叉漂洋过海发展到国外去的想法。早在他刚辞职在新东方做英语老师的时候，赵智力身边一半的朋友都是来自五湖四海、世界各地的外国人。和以前猎奇的心理不一样，现在很多外国人，是真的对中国文化感兴趣。对于外国人来说，学点简单的叉不离手的动作，还勉强可以接受，真让他们把叉飞起来，可就比登天还难。退而求其次，赵智力希望至少可以有更多的人能够认识飞叉。他也希望可以把三路居开路会带到国外去演出，让更多的人了解到中国这项古老的技艺。（图7-3-4）

经过几次不太成功的传道经验，爱动脑子的赵智力意识到，想要开路飞叉发扬光大，就要避免"四大怕"。主观因素不好改变的时候，就在客观因素上想办法，那就是改良飞叉，让它更易于学习，不容易受伤。一次，他进入公园时，被保安大哥拦住了，这位大哥不认识飞叉是什么，但又看起来不像"善类"，容易伤到人，于是就把赵智力拒之门外，这更激发了他改进飞叉的决心。排练累了的时候，他就和三路居开路会的会员们共同商量，怎么改进飞叉。首先，他们对开路飞叉的制作工艺进行了改良，在叉身包裹了一层绑带，极大地降低了叉杆对身体磕碰的力道。同时，叉头也在研究飞机发动机制造的岳父的帮助下，用PP（聚丙烯）硬塑料替换了原来的钢制叉头。这样一来，开路飞叉就再也不会是"开颅"飞叉了。如今，三路居开路会还为改良版的开路飞叉申请了专利。在2021年9月，得到了国家知识产权局的正式批准，并颁发了专利证书。（图7-3-5）

3. 探索之路

在过去这20多年，赵智力也深刻体会到了非物质文化遗产传承的困境，不

图7-3-4 2017年卢沟桥赵智力、于静、桑巴友、赵宏源同台表演

光武场练叉学习有困难，就连看似容易的文场传承，也存在着巨大的失传危机。他总结了飞叉传承的"三难"。

第一难是盈利难。除了专业的杂技演员以外，练飞叉的人很难自给自足。如果作为一项业余爱好，在这个年代，多数人都为了工作而辛苦奔波，特别是在大城市里的工作压力就更大了，有几个人可以不上班挣钱呢？还没退休的人，就只有利用工作之外的时间，才有可能参与开路会的活动。如何想象一个二三十岁的人，一边紧张工作，一边下班之后，还有空来练习敲锣打鼓呢？

第二难是应用难。在当今社会中，随着人们文化娱乐方式越来越丰富多彩，飞叉表演出现的场景越来越少了。除了在庙会和一些文化表演中，开路飞叉也没那么"实用"了。观众只是看热闹，能够看懂开路飞叉的人，又能有几个呢？

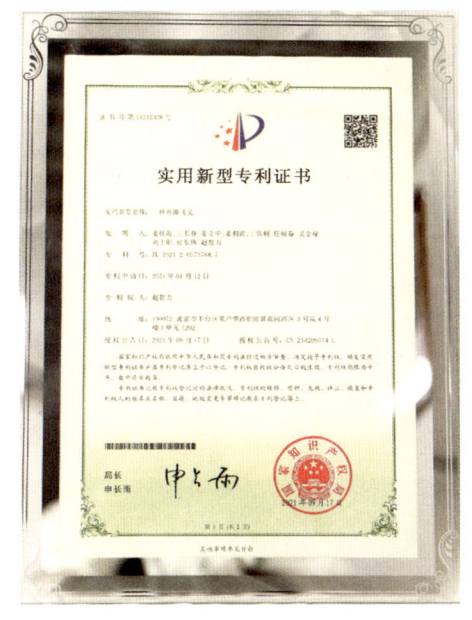

图7-3-5　国家专利证书

第三难是学习难。开路飞叉武场的学习，基本上是百里挑一的成材率。与秧歌、刺绣这些大家认知度较高的非物质文化遗产项目相比较，飞叉的入门门槛明显高了许多，而且还要坚持练习很长时间，才能上台表演。许多想学习飞叉的人，在第一天被叉杆子砸几下脑袋，过不了怕疼这关，坚持不下去，也就放弃了。

困难就摆在那里，想做成什么样子，取决于自己。赵智力心里怀着对飞叉的热爱，和三路居开路会的老成员们一起，没有在困难面前止步不前，他为三路居开路会的未来发展制定了"五步走"的发展规划。

第一步，收集资料。作为伴随着互联网成长起来的赵智力，他计划和舅舅们一起收集整理全国各地开路会的表演视频，为未来的文武场传承留存好资料。第二步，改良节目。随着社会发展，飞叉的表演将会更多在舞台上进行，而不再是庙会上那种边走边练的模式。因此，要根据舞台表演的特点设计更多的动作，进一步增加飞叉的观赏性。第三步，改进伴奏。现在飞叉的演出，武场三五人即可，可是为了保证效果，文场至少需要十几名演员来配合，对于一些小型演出或是舞台表演，规模有些庞大。因此，赵智力想采用提前录制好伴奏的形式，一方面音响效果更加丰富，也降低了"人力成本"。第四步，加大宣传。自媒体是当今互联网社会的另一产物，每个人都有了"出彩"的平台。赵智力也准备利用好这些互联网平台宣传飞叉技艺，发布一些三路居开路会的信息,同时也准备录制一些公益课程,可以让更多感兴趣的人了解飞叉、学习飞叉。第五步,申请非物质文化遗产。虽然北京的开路会中已经有好几家成了区级的非物质文化遗产保护项目,但是还没有省级和国家级的非物质文化遗产项目。他想在自己的努力下,进一步加强研究,组织申报材料,并且扩大声势,让三路居开路会能早日获批北京市级的非物质文化遗产项目。(图7-3-6)

作为会里的年轻骨干,赵智力正在用自己的实际行动,和三路居开路会的前辈们共同脚踏实地地实现着他们的飞叉梦。我们相信这位"非主流"的"非遗"传人,不但能够从老一辈手里继承飞叉的"艺",还能创新发扬开路会的"魂",他也一定会把来自祖辈、父辈的技艺传承下去,成为中华优秀传统文化的坚守者、传承者。

图7-3-6 赵智力做"非遗"分享

第八章

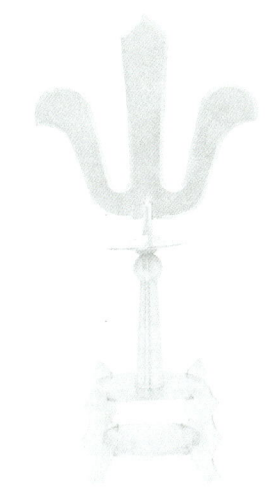

规矩：三路居开路会的规章制度

三路居开路会的一代代传承人克服困难，共同坚守着传承中华传统文化和技艺的责任和使命。他们传承了精湛的技艺，更留下了许多珍贵的图文资料。正是他们的坚守，才留下了一份完整的非物质文化遗产样本，更成为北京城一份珍贵的城市记忆。不仅如此，飞叉在艰难的环境下能够得以传承，作为珍贵的文化遗产，其中所蕴含的精神随着时间的流逝也变得越来越重要。

一、传承特点

随着时代的变迁，在多年的发展历程中，三路居开路会的功能和主要任务也发生了显著的变化。与其他花会组织不太相同的是，三路居开路会的成立并不是以拜神祈福为主要目的。李文庭等人在成立三路居开路会时，主要是为了活跃农村节日氛围，参与村里红白事等礼仪活动，同时也在文化交流等各种活动中为本村争光。新中国成立后，国家大力宣传破除封建迷信，在姜桂华、姜桂海的带领下，三路居开路会也逐渐发展成为农村地区中具有共同兴趣爱好的村民活动组织，其目的主要是为了丰富大家的业余文化生活。在发展的过程中，他们尽可能保留了传统民间花会的形式，也继承了大量的规矩和礼仪。随着丰台区非物质文化遗产项目的获批，三路居开路会在姜利甫、姜立中的组织下，进一步转化成为在政府支持和指导下的民间文化社团组织，虽然并不是一个以实体形式存在的组织，但是大家都为了共同的爱好聚集在一起。他们肩负着对中华优秀传统文化保护和传承的责任，对飞叉技艺的传承进行了多种尝试，取得了一定的效果。

三路居开路会自1946年成立以来，经过几次跌宕起伏，面对经济社会的巨大变迁，依然能够活跃在北京各大庙会的舞台上，其中所蕴含的发展动力，值得我们敬佩和思考。总结起来，在其传承过程主要有以下三个特点。

一是北京地区悠久的民俗文化传统滋养了三路居开路会。北京有着千年的悠久历史，特别是明清以来，北京不仅是全国政治、经济的中心，也是世界闻名的文化古城。多民族、多地区的文化在这里相互渗透交融，形成了极具地方特色的民俗文化。北京庙会是集吃喝玩乐于一体的民间娱乐活动，花会作为庙会的重要组成部分，不仅形成了丰富多彩、引人入胜的民间表演艺术，其长时间的发展过程中也积淀了许多规矩和程序，并逐渐形成了比较成熟的花会文化。正是在这种浓厚的花会文化氛围中，才诞生了三路居开路会。从成立到发展的每一步，除了三路居开路会自身的努力之外，也离不开其他花会的帮助和指导。北京丰富多彩的庙会活动，更为三路居开路会提供了更多展示的舞台，使他们在实践中不断得到发展。此外，农村地区红白事也需要民间花会参与其中，这种礼仪和习俗也从客观上为三路居开路会的发展提供了平台。

二是地缘关系是维系三路居开路会持续发展的不竭动力。在农村的社会关系中，由于土地作为生产资料具有相对固定且不可移动的特性，农村居民在日常劳作和生活中衍生出的地缘关系也较为稳定、牢固。再加上人口流动性较小，因此，这种地缘关系和血缘关系也相互渗透，更加拉近了村民之间的关系。三路居开路会创办在三路居村，其会员绝大多数都是来自村里的居民。大家工作在一起，生活在一起，低头不见抬头见，许多成员之间还沾亲带故，彼此之间有着良好的情感基础。"三路居"这个不可更改的天然标签和"飞叉"这个共同的兴趣爱好形成了两条重要纽带，把成员们紧密连接在了一起，促进了村民之间的交流。此外，三路居开路会从创办以来，得到了三路居村民们的充分认可和大力支持。从某种意义上来讲，在行香走会的活动中，三路居开路会也代表了整个三路居村。这有效地增进了三路居开路会成员的集体荣誉感，更容易抱团形成合力，共同推动三路居开路会的发展。

三是姜氏家族在三路居开路会的保护和传承过程中，发挥了不可替代的核心作用。在回顾三路居开路会的历史中，我们不难发现姜氏家族的成员，在每一个时期都发挥了极其重要的作用。从建会伊始，姜桂华是三路居开路会的主要创始人之一，其叔父姜振英也在会中担任司库一职；到了1983年，姜桂华、姜桂海重整三路居开路会，将其从消失的边缘挽救了回来；第二代姜利甫、姜立中兄弟，成功"申遗"，推进了三路居开路会向前发展。在飞叉技艺方面，姜桂海、姜立中、赵智力祖孙三代也做到了有序传承。他们几代人出钱出力、默默付出、不求回报，确保了三路居开路会的有序运行。然而，这并不意味着三路居开路会是家族传承式的花会，他们采用的组织形式和议事方式也比较民主，因此也团结了更多的同道中人。他们的坚守和执着以及无私奉献的精神，让三路居开路会有了更深层次的精神底蕴。

二、组织结构

三路居开路会是一个发展多年的传统民间花会团体，其历代的成员都不以参加花会活动谋生，而是有各自的主业，以兼职身份参与会里的各项活动。当会里有活动的时候，就会把会员们召集在一起。大家也都遵循着分文不取、茶饭自备的原则，服从会里的组织安排，积极参与各项活动。然而，三路居开路会并不是一个松散的团队，它的内部有着严密的组织，各类人员有着明确的分工，并且遵循着一定的规则。

三路居开路会的日常管理人员主要有会长、副会长、司库、文场负责人、武场负责人等职务，主要管理人员也被尊称为"督管"。会长，在走会时也被称为"引善督管"，是三路居开路会的总负责人，管理会里的大小事务。平时主要负责组织排练、对外联系业务、组织走会演出等事宜。在走会时，他还兼任"前引"。前引，从字面上解释就是前面带队的引路人。这个引路人不仅要熟悉行香走会的路线，还要懂得会规、会礼，因为他需要代表本花会与其他花会进行沟通、联系、交涉等。每一个会里都必须有一位前引，没有前引的花会被称为"黑会",只能限于在本村活动。副会长,负责协助三路居开路会的总负责人做好会里的管理工作,在三路居开路会中,一般由负责文场组织工作的人担任。文场、武场的负责人分别负责训练的组织以及人员的管理等工作。

　　司库,也被叫作"司库督管",是会里专门负责管理财务的人。三路居开路会并不是一个正式的组织机构,因此没有集体的账户。通常会长把自己的一张银行卡交给司库管理,作为三路居开路会收支的专用账户。由于会里的演出多数都是公益性质的,一般组织方只提供交通费用。司库会当着大家的面,在扣除实际发生的交通、餐食等必要费用后,对结余金额进行处理。如果结余的经费较多,一般会在会长的主持下,按照参演人员数量进行平均分配,余额再存入公用账户;如果结余的经费较少,就会直接存入公用账户,作为以后的活动经费。如果遇到入不敷出的情况,一般会使用以前存下来的结余资金,或由会长自己垫付。除演出费外,还会有一些来自政府、企业等方面的经费支持,这些资金只能用于购买服装、乐器、道具,采用实报实销的形式。

　　在行香走会时,三路居开路会有更详细的分工,在原有管理人员的基础上,根据具体任务安排专人负责筹备和组织各项事务。有人负责保障后勤,还有人专门负责表演。按照传统,这些在行香走会中负责具体事务的管理人员也有不同的称呼。例如,"钱粮把儿"负责挑担笼筐,服装道具等物资都由他们运输;"大车把儿"负责安排行香走会时大家所用的车辆,设计交通路线,确保顺畅、安全;"忠和把儿"专门负责制作、购买和携带行香走会所需的食品,做好走会人员的后勤保障;"神堂把儿"负责祭祀仪式所需要使用的香、烛、供品等各类物品的准备工作。

三、规章制度

　　三路居开路会建会之初,仅仅是一个民间组织,缺乏规范化的意识,因此并没有比较明确的规章制度。但是这并不能说三路居开路会是在无序的状态下运行,相反,大家的自律意识很强,他们都以"信义"二字来约束自己,自发地遵守村里的公序良俗。而且,他们也会遵守一些没有形成文字的口头约定。例如,三路居开路会的会员不能外出卖艺,走会时不能拿香桌上摆放的物品等;在会员招募方面,他们特别强调凡是有过作奸犯科的、违法乱纪的、不孝敬父母的、品行不端的人都不得入会。三路居开路会的会员还会受到民间花会中普遍的行规约束,例如,会员个体不得私自以三路居开路会的名义外出演出,不得私自参加其他花会的活动等。

　　2016年,为了进一步养成会员良好的集体观念,培养他们的纪律性和责任心,三路居开路会出台了一系列的规章制度,进一步规范了管理。新的规章制度从内容上较为完整,主要涵盖了会内规章、会议制度、排练制度、演出制度、奖惩制度、其他六部分的内容。虽然从文字上看,一些规定并不是特别严谨，而且多数是书面上的一些约定，但是对于三路居开路会的管理来讲，还是向前迈进了一步。

以下是三路居新善吉庆开路老会规章制度。

1. 会内规章

（1）开路老会所有成员，必须准时参加老会的各种会议和各项活动，无故缺席或经常迟到者，视具体情况给予批评，严重者将解除其会内职务。如有特殊情况者应提前请假并获得上级批准。

（2）开路老会所有成员，不得参加与开路老会的各项活动安排相抵触的活动，更不允许私自以开路老会的名义参加外界的各项活动。

（3）开路老会所有成员必须爱护会里的各种服装、道具和器材等，演出活动结束要及时归还。不得将老会内公共物品私自转让或转借他人。如因为个人原因造成损坏，应要照价赔偿。

（4）老会所有成员都应该严格自律，规范遵守各项制度。

（5）老会内所有成员都应积极完成老会交代、安排的各项事务。

（6）老会各个成员之间应积极配合，团结合作，共同完成任务。

（7）如因个人特殊原因需要退出老会，需提前申请，并办理相关合理手续。

老会的各项规章制度旨在督促老会所有成员养成良好的集体观念，培养其纪律性和责任心。对于违反各项规章制度的成员将给予批评教育，视情节的轻重给予一定处罚，最严重者将解除会内一切职务。

2. 会议制度

（1）老会将不定期召开会议，分配当前的工作以及核查前一段工作任务的完成情况。

（2）开会需签到，各队建立考勤表，严格把关。考勤表年末汇总至会长。

（3）老会组织开展的会议，必须准时，不能无故缺席迟到。

（4）如有特殊原因不能出席会议或需晚到者，必须事先向会长或其他负责人请假。

（5）无故缺席者，第一次给予批评教育。屡次违反则视情节轻重给予相应处罚或开除会内职务。无故缺席达到三次以上者（包括三次），视为退出老会。

（6）会议须准时到场，凡是无故迟到者在台前罚站（时间为迟到时间的两倍）。

（7）多次无故迟到者，给予警告。视情节轻重给予一定惩罚。

（8）会议进行时，不能在会场内吸烟和喧哗吵闹。

（9）会议进行时，手机必须调为震动状态，不能在会场内接电话。

（10）会议中途不能无故离开会议场地，也不能无故早退。如有特殊原因须告知。

3. 排练制度

（1）排练如无特殊情况不得无故缺席。

（2）如有事不能到场或晚到，必须向节目负责人事先请假。

（3）排练无故缺席两次以上（包括两次），视为退出老会。

（4）排练不得无故早退，有特殊情况可向节目负责人说明。

（5）排练过程中须听从节目负责人安排，不得扰乱排练场秩序。

（6）排练过程中不得有懒散、抽烟等不良行为。

（7）建立考勤表，严格把关，认真记录好每次排练、演出等活动的考勤情况。考勤表年末汇总至会长。

（8）各类彩排、演出等重大活动一般不允许请假。彩排由队内主要负责人与会负责人共同评审通过，以保证节目质量与现场效果。

4. 演出制度

（1）演出过程包括演出彩排、演出前的准备、节目候场、正式表演等。

（2）演出过程中必须服从演出现场的秩序安排，不得大声喧哗打闹。

（3）演出过程中必须严格服从会长以及负责人安排。

（4）演出过程中的任何时间安排必须严格遵守，如无特别严重的状况不得迟到或缺席。

（5）对于演出中各成员所分配到的任务，须严格做到做好。如有任何突发状况必须及时向负责人通报。

（6）在演出过程中，对于因为个人因素导致的失误，将视情节轻重给予相应处罚。灯光、音响相关负责人共同讨论、安排与设计；演出时，必须安排责任到人；演出人员应在前一个节目前做好各项准备；每次演出要做好人员安排的工作，并对演出效果、演员表现进行记录，作为年终总结的重要根据。

5. 奖惩制度

有以下突出表现的成员，将获得会内奖励。同时，表现突出者年终总结评估时将予以优先考虑。

（1）训练认真积极，有较大进步。

（2）对老会提出了相关可行性批评与建议。

（3）演出时表现出色，受观众欢迎。

（4）后勤工作尽职尽责。

（5）代表老会参加其他演出，表现优秀。

（6）对宣传老会有突出贡献等。

以上情况均由会长进行文本记录，并在年终予以通报表扬。

（7）演出中借用的服装道具等财物如有损坏按情节轻重照价赔偿。

6. 其他

（1）老会成员正常情况下不允许辞退，因私人原因可申请辞退（以书面形式），经指导老师及负责人批准后生效。

（2）老会各成员之间应当互帮互助，团结友爱。严禁个人或者以小团体形式对其他成员进行诋毁、排挤。

（3）对于老会日常工作，分配到任务的成员须按时认真完成。如因个人原因导致不良后果将追究其责任。

四、行香走会的传统

如今随着经济生活的快速发展，传统花会已成为体验民俗、追忆传统、交流技艺的一场文化盛宴。我们以三路居开路会参加妙峰山庙会为例，来感受一下传统花会的规矩和礼仪。

按照惯例，三路居开路会多选择四月初一或初八前往妙峰山。在出发前几天，他们会先"刷报头"也称"刷报条"。刷报头，就是将制作好的海报贴在村子里人多和会员们经常活动的地方，主要是为了提醒会员提前准备好走会的各项工作。若是放在以前交通不发达的时候，报头还会被刷在沿途经过的村子里，由于现在都是乘坐汽车前往妙峰山，也就省去了。

走会当天，在会长家的门口上会插好一面红色的督旗，表示今天要走会。督旗的形状为长方形，根据走会地点的不同，督旗的颜色和上面书写的内容也并不一样。走妙峰山的督旗是一面红色的锦旗，上面写着"朝金顶妙峰山，新善吉庆开路老会"，落款则是"妙峰山景区管理处"。

走会前，会长将门旗插在家门口，称之为"按眼"。门旗共有两面，均为红色三角旗，正面分别写着"三路居村""新善吉庆"，背面则写着"广安门外""开路老会"，同时将地藏王菩萨请到香案上，大家上香供奉。会长开始清点表演所需的各种家伙，将其余的门旗、蓝色的幌挂好。幌和手旗是均是蓝色三角旗，旁有白色飘带，蓝色的旗面上写着"新善吉庆"的字样，飘带上的字则根据重整时间的不同而各不相同，现存会里的手旗共有两面。手旗由前引执举，用来指挥会员。

插在钱粮担子上的旗子则称为"幌"。钱粮担子有两副，又称为"屏"，平时用来存放三路居开路会活动的道具，走会时可做挑的道具，停驾时可作为寨门之物。两副担子均是用筛子做成，外面刷了一层黑色的油漆。其中一副担子较高，约有一米，另一副担子略矮。高的担子上每个插上两面旗子，矮的钱粮担子则是每个插上了四面。除此以外，会里还有四块横幅，两块是通用横幅，两块是走场的横幅。

所有人员化妆完毕后，就列队祭叉祭祖。在20世纪50年代，三路居开路会在走会之前还会举行祭叉的仪式。他们会宰杀一只没有杂色的白色大公鸡，把鸡血滴入酒碗中，五鬼的扮演者每人都要喝一碗滴有鸡血的酒，然后将碗摔碎，再燃起一炷香，用香来熏飞叉，之后给开路会的保护神——地藏王菩萨磕头。现在仪式简化了许多，大家只是给地藏王菩萨上香磕头。在祭祖仪式完毕之后，所有会员才开始响动家伙，敲起"起鼓点"。"起鼓点"是走会开始和参拜仪式的鼓点，演出时候多演奏三遍，也称"三参"。会员在会长家门口外开始燃放二踢脚，在阵阵鞭炮声中，整个花会按照顺序出发。此时，演奏换成"走鼓点"，这即所谓的"号炮三声，拔营起寨"。在行走的队列中，走在队伍最前列的是挑着"钱粮"的挑夫，寓意为"兵马未动，粮草先行"。

三路居开路会按照既定路线向妙峰山行进。以前，沿途所经村庄的花会也会在路旁设驾。远远地看见设驾的花会，三路居开路会的前引在距离接驾处较远的地方，就命令会员们停响闭点。如果打着家伙通过别人的地盘，是一种非常不礼貌的行为，对于当地的花会来讲是一种示威或者说是砸场子的表现。如果当地的花会会长脾气不好，很可能会出来交涉一番。等参驾后，出了村子才会重新起响。

双方之间打招呼，也有规定的套路。"您虔诚"一般是花会之间见面打招呼时表示问候的第一句话，相当于我们平时见面时候说的"您好"，双方相互问候之后便会开始寒暄。通常情况下，双方会进行以下的对话。

甲方的前引或者会长会主动上前说："老督管，小会是三路居村新善吉庆开路老会，要到京西莲花金顶妙峰山朝顶进香，路过贵宝地。望请老督管网开一面，行个方便，借路一用，小会无不感激，等小会朝顶进香回来再来拜谢，在下这厢有礼了。"

乙方会长通常会回答道："岂敢，岂敢，您会前往进香，路过本小荒庄野村，真给咱增光也，在下无不敬重，既是保香弟子不敢耽搁，等您老会回香，在下奉茶水一杯，与您接风道乏，您请您请。"

甲方继续说道："多谢老督管，既然得到您的应允，劳您大驾，您给小会带过去，在下这厢有礼了！"说完，前引再下一参，即左手持手旗旗杆，右手握旗面，半蹲参驾。

乙方则答道："岂敢，岂敢，在下无能，岂敢在您老会面前施展，在下领命也就是了。"

两位会长携手相进，整个花会队伍则跟随后面过村。要到离村路口时，甲方会长则会客气地说道："多谢老督管，有劳您的大驾，待弟子上香回来再来拜谢。"

乙方会长则答道："好说老督管，请您慢走，一路保重。"

当然，双方交流也不局限于这些套话之中。如果有一方不按套路交流，会让人觉得不懂规矩，是一种很失礼的行为。不论双方多熟悉，依然会遵守这些套路。等整个队伍出村后，三路居开路会这才开始响起锣鼓，继续前往妙峰山。

在去往妙峰山的路上，三路居开路会还会遇到许多同去进香的花会。通常情况下，如果遇到停驾休息的花会，就要在距离他们十几米远的地方停下队伍，并且暂停演奏乐器。前引会带领一些会员前去参驾。参驾时的礼节也叫"打知"，是花会之间见面时的基本礼节。一般流程是这样的，甲方前引左手持杆、右手持旗，紧抢两步，就地一参，乙方前引也会做同样的动作，行礼之后便互道一声"您虔诚"。打知之后，双方还要互换知帖。知贴是一张半寸宽一寸长的白色纸条，上面写道："拜知，贵会棚老督管，新善吉庆开路老会全体会末众等全（tóng，同"同"字）拜。会址广安门外三路居村内。"对方通常会拿出同样的知贴相互对换。互换知贴以后，本会会众要等离开停驾花会后才可起响。

如果遇到一些不懂规矩的前引不参拜停驾花会，那么停驾的花会往往会将挑担横在路上，挡住道路。遇到这种情况，明白道理的前引则会主动来道歉，如果遇到一些不懂道理的，就会发生一些摩擦，不过大家基本上都仅限于互相理论一番，这叫作"盘道"，直到理屈词穷的一方主动赔礼道歉才算完事。如果因此发生打斗事件，只能通过动用各种花会资源加以协调，寻衅滋事的花会将会被取消来妙峰山进香的资格。三路居开路会各项规矩都比较正规，从未发生过这些情况。如果偶遇一些不太懂规矩的花会，也都是礼让为先，化干戈为玉帛。

在朝顶的路上，当遇到粥棚、茶棚、馒头会和鲜花圣会等守驾各个花会时，三路居开路会也会遵照规矩，在前引的带领下，主动停下鼓乐上前参驾打知。与之前遇到停驾休息的花会参驾打知的礼节一样，一般甲方的前引会长先上前打招呼。在互道问候之后，甲方前引会主动说："老督管，您守驾有功，小会备薄帖一份，不成敬意，望您笑纳。"乙方花会的督管通常会说："岂敢岂敢，换帖和缘。"交换知帖后，甲方前引一般会说："老督管，我们有重任在身，就先去朝顶进香了，回头再拜见。"换帖之后，本会才开始前去朝顶。在打知、换帖这一过程中，三路居开路会的成员都需要放下乐器，暂停表演，一定要等过了守驾花会之后才能再次开始。这是对守驾花会的尊敬，也是对他们的辛苦付出表达谢意。

文场打家伙，武场练飞叉。在前引的率领下，大家一边行进，一边表演，向山顶的娘娘庙进发。如果在朝顶的途中，路过山门，该抢则抢。在通过山门时，全体会员也必须停下鼓乐，在走过之后才能起响。如果在上山的路上遇到参拜完返回的花会也要进行一番礼让。上山进香的花会被称为"保香"，下山返回的花会被称为"回香"。两家花会见面，也都需要暂停表演，互道虔诚，互换知帖。通常情况，回香的花会先说话："您大表未交，有公事在身，理当先行。"保香的回答："您回香有功之臣，理应先行。"回香的再说："恭敬不如从命，两不起响，各抢上手，老督管我们带了。"虽然回香的花会嘴上说先行，但实际上还是要侧身请保香的花会先走，也就是"回香让保香"的原则。

两会交错之后，才可以开始继续表演。

在上山的路上，三路居开路会也对会员有着严格的纪律要求：一是不准拥挤、喧哗、打闹；二是不准沿路摘花取果，破坏环境；三是不准食用荤腥，不可饮酒；四是不准污言秽语，寻衅滋事；五是不准拿茶棚里茶桌上摆放的水果、点心等东西。这也体现出三路居开路会走会"做功德，讲奉献，不索取"的宗旨。

当到达金顶娘娘庙后，三路居开路会先要在这里设驾。由挑着钱粮担子的成员分列成两边，按照左高右低的顺序，形成一道"寨门"。会员们再依次从寨门走过，等全体会员都走过后，再把钱粮担子横过来，表示关闭寨门。关门之后，要先在庙前祭塔，白塔代表观世音菩萨，然后再进行拜碑。妙峰山灵感宫娘娘殿旁矗立40余块石碑，均为历史上的老会所立，众人拜碑，以示对前辈的敬意。

设驾之后就要开始祭拜了。首先向娘娘敬献钱粮（香烛、纸马），先是由会长宣读祭拜碧霞元君的表文。表文的内容每年没有太大改动，念完表文之后，前引手持高香将表文点燃，三路居开路会的会员集体叩拜。叩拜完毕后就开始为碧霞元君娘娘献艺表演。在献艺前，会长会向大家介绍一下："见见神坛守驾的，见见北京城关内外，三山五顶，四乡八镇，四股香道，行香坐棚，文武各会，敝小会三路居新善吉庆开路老会上香有见了。"礼成之后，大家会到各神殿或许愿，或还愿，然后集体到回香亭回香，会长回到庙里，向僧人致谢，称为"谢山"。

二十世纪四五十年代，如果从三路居出发去妙峰山庙会，可能路上需要走两天的时间，一路上所到的村子都需要参驾打知。随着时代的发展，如今三路居开路会再去妙峰山走庙会的时候，基本上都是乘车直接到达半山腰的停车场了，行香走会的规矩也都简化了不少。但是登顶朝拜路上，遇到各个花会参驾打知的礼节却一样都不能少。在这些规矩、套路之中也让我们感受到花会之间"八方共域，异姓一家"的情谊，也体现出谦虚、有礼的传统美德。庙会就像是一个和谐的大家庭，各档花会带着共同的心愿，互道虔诚，燃香祈福，求的就是国泰民安、国富民强。

第九章

文场：三路居开路会的伴奏

打击乐器在我国有着悠久的历史，作为节奏性乐器，其音响效果独具民族特色，特别是在加强音乐的表现力方面，打击乐器发挥着非常重要的作用。在许多地方民间音乐、戏曲、杂技等多种艺术表演形式中，打击乐器的伴奏都可以更好地助推戏剧情节，突出地方特色。在飞叉表演过程中，打击乐器也是不可或缺的伴奏乐器，在不同节奏和不同音色变换的配合下，使得飞叉表演更加引人入胜。

一、文场的常用乐器

开路会中的文场，又称"后堂"或"后档"，主要为飞叉表演进行伴奏。飞叉表演往往不具有情节性，因此并不需要具有旋律性的伴奏。文场在表演过程中，为武场擂鼓助阵，为表演增添效果、渲染情绪、烘托氛围。打击乐器在这方面有着其他乐器不可替代的效果，理所当然地成了飞叉表演伴奏乐器的不二选择。此外，由于开路会文场还需要配合武场一边行进，一边演奏，因此会选择一些便于携带的中小型打击乐器。一般来讲，文场的主要乐器包括：鼓、铙钹、镲。

1. 板鼓

板鼓，又称单皮、蹦子，是戏曲中常用的打击乐器。板鼓外框由厚而坚硬的木板制成，越接近鼓面处越厚，内膛呈喇叭形，鼓的一面蒙有牛皮。它的声音响脆，音色突出，常被作为乐队中的指挥乐器。在开路飞叉的文场中，单皮的演奏者是全场指挥，掌控文场演奏与武场对应动作的节奏。因此，单皮演奏者需要对武场套路非常熟练，才能更好地掌握文武场的对接点。（图9-1-1）

2. 堂鼓

堂鼓，又叫同鼓、战鼓，在清代也被称为杖鼓。它的鼓框是木制的，两面蒙上皮革。演奏时悬在鼓架上，用木槌敲击，常用于戏曲乐队、民间器乐合奏中。堂鼓中心发音较低而深厚，越向边缘声音则越高而坚实。一般按尺寸分为大（32厘米）、中（25厘米）、小（22厘米）三种规格，小堂鼓音色高亮，大堂鼓音色宽厚。在开路飞叉的文场中，常用中、小型堂鼓。（图9-1-2）

3. 小镲

小镲，是一种互击体鸣乐器。两片为一副，由铜制成。单片小镲是在圆形铜片的中心鼓起一个半球形的凸起。小镲的圆心位置有一个小孔，可以穿绸条以方便持握。在演奏时，双手各持一面，两片相互撞击而发出声音。其音色清亮，穿透力较强，常被用在民间节日、婚丧等活动的器乐合奏之中。在开路飞叉的文场中也被称为镲锅。（图9-1-3）

图9-1-1 板鼓

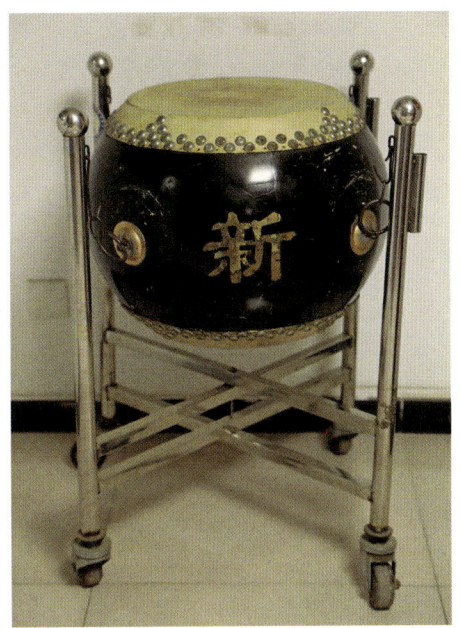
图9-1-2 堂鼓

4. 铙钹

铙与钹,形制相似,都是铜制圆形打击乐器。铙(图9-1-4)中间隆起部分较小,钹(图9-1-5)中间隆起部分相对大。铙和钹经常配合在一起演奏,两面为一副。在开路飞叉的文场中,为了使音色更加透亮,通常一个人一手持一面铙,一手持一面钹,互击发声,这样的组合也被称为一副大铜。这是开路飞叉文场区别于民间打击乐器使用的一种特殊方式。

图9-1-3 小镲

图9-1-4 铙

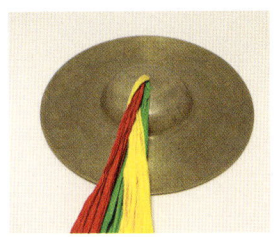
图9-1-5 钹

二、文场的乐器编制

三路居开路会的文场乐器编制可多可少,一般根据武场人数的多少或表演场面大小来决定文场的编制。其基础乐器为一个板鼓、一副小镲、一个堂鼓、一副大铜。编制的增减，一般在基础乐器的基础上，按照一定比例增加大铜的数量，如有六副铜、八副铜、十二副铜、十六副铜等编制，以求得音响力度、色彩变化的平衡。

三、文场的基本节奏

与其他的曲艺、杂技的伴奏相比，飞叉的伴奏也具有一定的特殊性。其原因在于叉杆上还自带有一副碗口大小的小镲，它会随着飞叉的上下挥舞发出有节奏的声响。因此，需要乐队伴奏更好地配合，起到锦上添花的效果。

据三路居开路会的传承人介绍，原本飞叉的文场表演也同样十分精彩，但由于在传承过程中只能靠口传心授，因此一些较为复杂的打法都失传了。如今乐队的编制和旧时并无两样，但所保留下来的多是一些为了配合武场动作的节奏型。为了更系统地对其文场进行保护，我们借鉴传统戏曲音乐中的锣鼓经以及无固定音高的打击乐一线记谱的方式来进行记录。表9-3-1是三路居开路会文场的乐器音色与文字表述。

表9-3-1　三路居开路会文场乐器音色与文字表述对应表

乐器	演奏方式	文字表述
铙钹（大铜）	互击/闷击	呛/扑
堂鼓（鼓）	双击或单击鼓心	隆/咚
小镲（镲锅）	互击	嘚
板鼓（单皮）	双击或单击鼓心/快速轻击鼓心	咚/嗒卜嗒

在演出过程中，三路居开路会的文场没有固定的演奏顺序，但有着固定的节奏型，并根据武场表演者飞叉动作的需要来起板。武场的动作越高超复杂，文场的打法越热闹。一般武场动作由几个基本节奏型在特定的动作点与之对应。三路居开路会文场的基本节奏型有三参、七镲、九镲、一镲、攒铜、调香、扑镲、斗镲锅。

1. 三参

所谓三参，是指大铜打三下，常在向观众、其他花会致敬时使用，因此得名三参。一般文场以三参开始，开场大多将三参演奏两遍，攒铜后，根据练叉的动作，变成七镲或调香，之后武场才开始练叉。在表演过程中，大挥翅、过桥大挥翅、戏水大挥翅、大单打、大莲花翅等动作需要配合三参。三参以大铜音色为主，可大铜单独演奏，或堂鼓与板鼓加花（加入小装饰音）同时演奏，在开场吸引观众注意力。（谱例9-3-1）

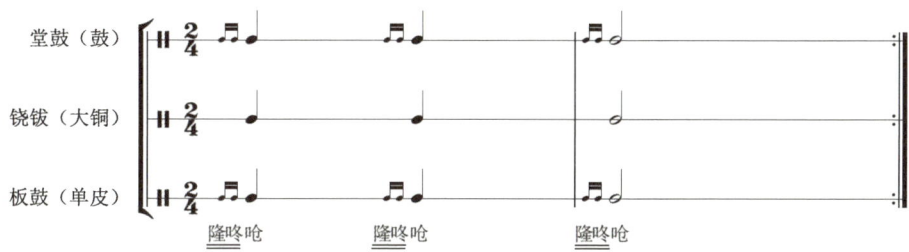

谱例9-3-1　三参

2. 七镲、九镲

七镲，因在此节奏型中大铜打七下而得名。另一个别名叫"齐棒"，是因堂鼓和板鼓的节奏完全一样，二者一齐挥槌而得名。

九镲，是在七镲的基础上，再增加堂鼓、大铜、板鼓的两下齐奏。因大铜要击打九次，故得名九镲。较七镲而言，后加的两拍，显得气势更加宏大有力，可以更好地配合一些表演中比较大的动作。在传统花会表演中，飞叉、五虎棍等花会多使用此节奏，而果贡会、高跷会等多用七镲，因此也有"文会打七镲，武会打九镲"的说法。（谱例9-3-2）

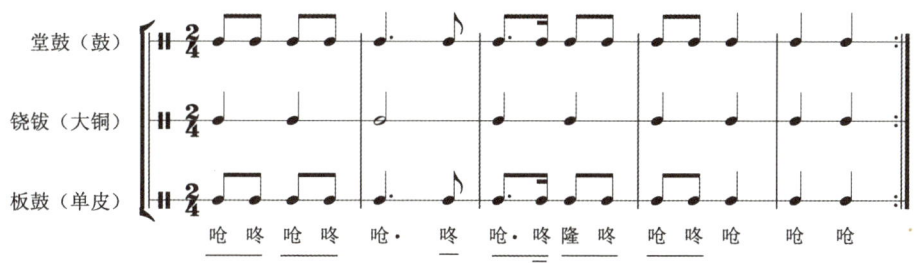

谱例9-3-2　九镲

3. 一镲

一镲，一般并不单独使用，而是在演员亮相时，或者在空中抛接叉时使用。例如，在云里翻系列的动作每逢扔起叉向高处时用一镲，在戏水动作每扔起一个花时加大铜一镲。有的时候，为了更好地增加效果，板鼓还会插入一点细碎的敲击作为铺垫，增加声音的紧迫感。（谱例9-3-3）

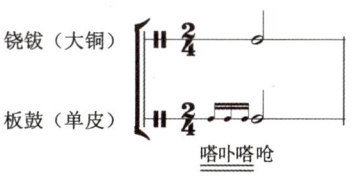

谱例9-3-3　一镲

4. 攒铜

攒铜，是飞叉表演中较为常见的一种伴奏类型，一般配合飞叉动作使用。伴奏乐器以大铜和堂鼓为主，节奏均匀，声响稳健。再配合叉杆上小镲所发出的细碎而有节奏的声响，显得更加错落有致。（谱例9-3-4）

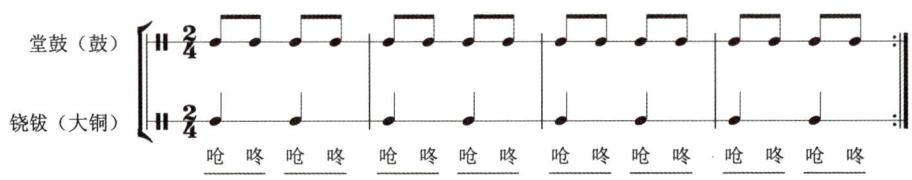

谱例9-3-4　攒铜

5. 调香

调香，又叫围场，也是大铜与小镲相互配合的一种节奏型。大铜出现在重音拍上并让声音延续，而小镲在弱拍上，以一下、两下、三下递增的方式变化，使两者的配合在稳重中又增添一点活泼灵趣。除了在单打、过桥、戏水系列动作时作为伴奏，调香也常在演出正式开始前，或者换人的间隙演奏，以达到吸引观众的目的，因此也得名围场。（谱例9-3-5）

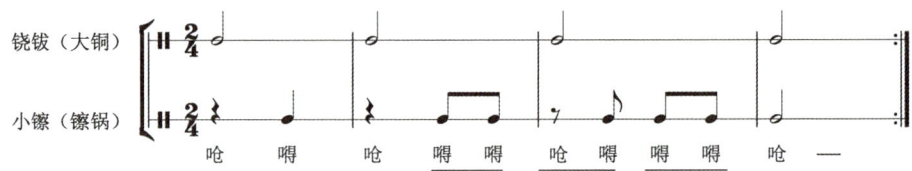

谱例9-3-5　调香

6. 扑镲

扑镲，是镲片互击后迅速止音，又叫闷镲。在配合武场的表演中有两种用法：一种是在砸麻筋、单抱月、双抱月、粘糖人等动作中使用的扑镲，是将大铜与小镲相互配合，与调香相反，小镲在重音拍上，大铜在弱拍，相互交错，显得特别俏皮；一种是在撒桃、涮裆、前后托叶、五把轮子、纺线、接背脊、过腿接背脊、十字披红、四转、脖花、胸花等动作每逢扔起后接到手里时使用的扑镲，这种用法与武场动作的结合需要更加灵活，即兴性更强，因此单独运用大铜，以求扑镲与接叉动作的对应点更加紧密。（谱例9-3-6）

7. 斗镲锅

斗镲锅，是一种堂鼓与小镲配合，敲击处连续而紧凑的节奏型。一般用来配合因叉杆转动使小镲连续发出声响的动作。飞叉自身发出细碎的声响，配合堂鼓的稳重和小镲的清脆，三种声响同时交织在一起，粗中有细，使"斗"字让人感觉更加贴切，也使表演者的动作显得更加大气舒展。一场表演中斗镲锅是使用频率较高的节奏，一般斗镲锅会用在大压膀、大掏棍、前后踢等动作中，在扔起或踢起时，再另外加打一镲。（谱例9-3-7）

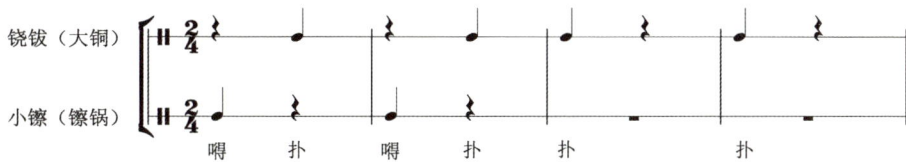

谱例9-3-6　扑镲

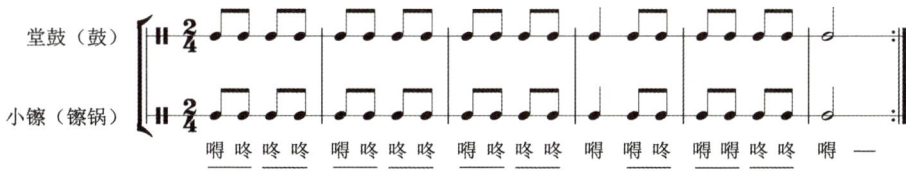

谱例9-3-7　斗镲锅

第十章

武场：三路居
开路会的飞叉动作

随着飞叉技艺的发展，其花样技巧也越来越丰富。叉作为道具，不被表演者握在手中，而是在身体各部位间滚动、转动，通过抛接不断变换动作。作为一项实践性很强的运动，飞叉要通过反复的练习才可以熟练掌握其中的技巧。然而，不同练叉人所习惯使用的叉有所不同，在演出时所选取的动作不一样，存在一定的随机性。甚至大致相同的动作中，有许多小的细节也不同。这些动作往往是通过一代代练叉人之间的口传心授来进行传承的，这对非物质文化遗产的保护来讲，存在一定的不确定性。为了更好地记录下这些动作，在传承人的帮助下，本书对三路居开路会的飞叉动作进行了较为系统的梳理，并配以图文说明，以便更直观地了解三路居开路会的飞叉技艺。

三路居开路会的飞叉动作传承较为完整、系统，再加上以姜立中为代表的三路居开路会的武场演员，不仅在飞叉表演上技艺精湛、独具特色，而且还对飞叉动作的练法进行了总结，并对飞叉的流派进行了研究（见附件3）。目前，三路居开路会经常表演的单人动作有70多个。如果把这些动作按照使用叉的类型来分，可以分为单头叉、双头叉、火叉；如果按照表演人数来分，可以分为单人节目、双人节目和群体表演；如果按照飞叉动作技巧来分，可以分为旋转滚动类动作、抡转类动作、翻转类动作。

在对动作进行总结梳理的过程中，姜立中提出了用公转、自转等词来描述飞叉的运动轨迹。飞叉的公转是指以飞叉的中心部位为圆点，飞叉的叉头和叉把形成圆形轨迹的旋转。飞叉的自转是指以叉杆的轴心为轴，叉头和叉把向同一个方向滚动。了解这些表述，也方便我们更好地理解后面关于飞叉动作的描述。

关于飞叉表演流派，姜立中也有着独特的理解。在飞叉表演的圈子里，我们经常听到"京练""乡练""怯练"三个流派。姜立中仔细研究了各地飞叉的表演动作，并结合自己练叉的心得提出："京练"飞叉的特点是以手串、挑翅、筛糠作为飞叉基础动作来串联其他动作，且在表演过程中，不接触叉的手要背在身后，而且"京练"更注重舞台效果，强调动作和步法都要规范，不能在舞台上随意走动，每一步都要在动作的设计之中，这样的表演风格多见于北京地区的练叉人中；"乡练"飞叉，在表演过程中，叉一般只在表演者的手心转动，很少用到手背来做挑、拨等动作，在天津以及河北苏桥、廊坊等地的飞叉艺人多用此种方法练叉；"怯练"一般指没有组织的飞叉爱好者，没有系统学习飞叉，而是自娱自乐，其动作缺少规范性。

飞叉的外观大同小异，但对于练叉人最重要的是必须要好用，其次才是好看和好听，这里的好听是指叉上两片小镲所发出的响声。一般练叉人会自己制作飞叉，每个人的习惯各有不同，三路居开路会的飞叉也有着自己的特点。

第一，在叉总重量合适的前提下，三路居开路会的叉更加小巧。首先从叉头来看，他们的叉头会尽量做得小一点，既增加了灵活性，也增加了安全性。叉头一般选用坚硬而不易弯曲、不易生锈的钢板制成，其最外侧两齿的间距一般不会超过18厘米，总高度不超过29厘米，叉头的重量不超过0.75千克。其次，为了保证能够使叉头与叉杆的连接更为牢固，两者之间连接部位的长度一般不少于7厘米。为了保证美观，也要尽可能与叉杆更加贴合。

第二，叉杆的木质用料十分讲究。三路居开路会对于叉杆一般会选择结实耐用、纹路细腻、不易弯曲、轻重适宜的木料来做叉杆。经过大量的实验，他们觉得柞木、水曲柳、榆木的结实程度和纹路合适，可是比较容易弯曲变形，因此，会选择色木（五角枫）或红榉木来做叉杆。近年来，他们还尝试用黄花松做叉杆，这种木料十分结实，但纹路略显粗糙。如果将叉杆外缠上一层布条，就能既不影响美观，也保证了叉杆的质量。除了对树木种类有所选择，对于取材的位置也很讲究，他们一般不会选用靠近树皮或者靠近树芯的材料，而是选择二标层的木料。

第三，不断对飞叉进行改良和创新。三路居开路会的会员们在练叉过程中，发现飞叉存在一些可以改良的地方，例如：传统飞叉的叉头都是批量制作，一次性铸造成型，因此无法根据练叉人的力气大小进行配重调节；飞叉的长度与人的身高接近，且叉身为硬杂木，携带起来很不方便；叉杆会因夏天出汗或冬天干冷，摩擦力减小，导致飞叉难以控制；惯用左手的人和惯用右手的人在飞叉与叉杆的组装方向上存在差异等。于是他们在长期实践的基础上，针对这些问题进行了改良。在叉头上设计了可拆卸的配重片，用以解决配重问题；尝试用复合聚氨酯包裹叉杆，解决摩擦力变小的问题；将叉杆做成可拆卸式……在他们的不断改进下，飞叉变得越来越得心应手。2021年9月，他们设计的新型飞叉，还获批了国家实用新型专利。

一、旋转滚动类动作

旋转滚动类动作是既有自转又有公转的动作，它包括：筛糠、手串、挑翅、叉套子、戏水、轧膀、大轧膀、金掏、大金掏、脖串、腰串、抱叉肋、小挥翅、云里翻、过桥云里翻、大挥翅、过桥大挥翅、戏水大挥翅、单打、过桥、戏水、莲花翅、拉荷叶、洒荷叶、单手莲花翅、大莲花翅、戏水背脊、莲花翅吊袯子（袯脖子）、前小踢、前踢、后踢、敞踢、跺踢、前踢套后踢（大过桥）、踢袯子、单抱月、双抱月、粘糖人、搓剑、背剑、脯剑、蹦楞鼓、大蹦楞鼓、前后背剑加五花等。

1. 筛糠的练法

将叉杆放在右臂上，右臂放在叉杆的1/3至1/2处。左手掌心向下握住叉的头部，左手向下搓杆，右手向左前上方抬起，使叉杆往外倾斜一定角度，叉头向怀里倾斜。当叉杆滚到右手手指时，叉杆向上叉头朝下，将叉杆翻向左手，到达左手手心，此时手腕下扣，用左手小臂将叉弹起，叉杆转180度越过头顶，落在右臂起始位置，同时左手掌心向下压到叉杆。若左手练叉，则左右手动作相反。（示范者：姜桂海，用左手练叉）（图10-1-1）

视频：筛糠　　　　　　　　　　　　　　　　　　　　　　　　图10-1-1　筛糠

2. 挑翅的练法

将叉杆的重心位置放在左臂上，掌心向上，杆和左臂形成十字交叉，叉头朝外（叉头在左侧），让叉杆沿左臂下滚。在叉杆滚动的过程中，左臂慢慢往起抬，当叉杆滚到手指时，左手已经抬至头顶位置，这时叉的公转需要转过180度，叉杆沿手指尖滚过到达手背。到达手背后，让叉杆沿手背、左臂通过肩膀滚入右臂，然后可以连接其他动作。（示范者：姜利甫）（图10-1-2）

3. 手串的练法

把飞叉叉杆的重心点放在右臂上，叉杆和右臂十字直角交叉，手臂慢慢抬起让叉杆沿右臂滚下。在滚动的过程中，让叉头顺时针方向不断翘起，当叉杆滚到手指时，叉的公转应该转过90度（也就是叉头已经朝上）。这时胳膊手肩同时外翻，叉杆进入手心，同时叉的公转又已转过90度。叉杆到达手心以后，用手心外旋发力，将叉颠起来，使叉杆公转180度回落在胳膊上起步的位置。再让叉杆继续下滚重复开始的动作，循环往复。（示范者：姜利甫）（图10-1-3）

4. 叉套子系列

（1）叉套子的练法

将叉杆的重心位置放在左臂上，掌心向上，杆和左臂形成十字交叉，叉头朝外（叉头在左侧），让叉杆沿左臂下滚，在叉杆滚动的过程中，左臂慢慢往起抬。当叉杆滚到手指时，左手已经抬至肩的高度，这时叉的公转需要转过90

视频：挑翅 图10-1-2 挑翅

视频：手串 图10-1-3 手串

度，叉头朝上，伸出右手，将叉杆导入右手，此时叉头又转过90度，叉头朝右，用右手手指、手腕及肘部，将叉向外颠起，让叉杆转过180度，回落在右臂上，此时伸出左手，循环开始的动作。（示范者：姜利甫）（图10-1-4）

视频：叉套子

图10-1-4　叉套子

（2）叉套子过腿的练法

用右臂将带有自转和公转的飞叉头的一端打入腿下，同时将右腿（或左腿）抬起，然后用左手将叉掏出随后将腿落下。

（3）叉套子戏水的练法

叉沿右臂滚下，叉头略低，当叉滚到小臂时，用左手将叉向空中撩起，让叉在空中公转180度后回落在右臂上，左手撩起叉的同时后撤左腿。

视频：叉套子戏水

（4）叉套子双戏水的练法

在叉套子戏水的基础上，再次用左手将叉向空中撩起，让叉在空中公转360度，然后让叉落在左臂上用左臂继续打起360度，回落在右臂上。

5．小挥翅系列

（1）小挥翅的练法

挑翅后叉杆沿右臂下滚，叉头45度朝下，当叉滚到手背时叉的公转已转过135度，此时叉头向上，与此同时手臂外翻，让叉公转转过180度，叉头向下，让叉沿右臂外侧滚向后背。这时以左脚为轴迈出右脚身体转动，转过的角度最少不小于270度，叉杆通过后背滚向左臂。当叉杆到达左臂时左臂向头的方向抬起，当叉杆滚到手指时叉的公转又已转过180度，让叉杆滚入手背，再沿左手手背通过臂膀滚向右臂。（示范者：姜立中）（图10-1-5）

视频：小挥翅

图10-1-5 小挥翅

（2）云里翻的练法

挑翅后叉杆横向沿右臂下滚，在向下叉滚动的同时，右臂用力向上挥起将叉带有较强的公转抛向空中，让叉在空中转过540度，此时叉头向上，用手掌接叉，与此同时叉在手上继续公转180度，叉头向下。接叉同时以左脚为轴迈出右脚转身不小于270度，让叉沿右臂外侧滚向后背，通过后背滚向左臂，当叉杆到达左臂时，左臂向头的方向抬起。当叉杆滚到左手手指时，叉的公转又已转过180度，此时叉杆到达手背，再沿左手手背通过双肩滚向右臂。

视频：云里翻

（3）过桥云里翻的练法

挑翅后叉杆横向沿右臂下滚，当叉进入右手小臂时轻挥右臂使叉公转360度，叉头朝斜下方，伸出左臂用力向上挥起将叉带有较强的公转抛向空中，让叉在空中转过540度，此时叉头向上，用手掌接叉。与此同时叉在手上继续公转180度，叉头向下，接叉同时以左脚为轴迈出右脚转身不小于270度，让叉沿右臂外侧滚向后背，通过后背滚向左臂，当叉杆到达左臂时，左臂向头的方向抬起。当叉杆滚到左手手指时叉的公转又已转过180度，此时叉杆到达手背，再沿左手手背通过双肩滚向右臂。

视频：过桥云里翻

（4）大挥翅的练法

挑翅后叉杆横向沿右臂下滚，在叉向下滚动的同时，右臂用最大力气向上挥起将叉带有很强的公转抛向空中（挥臂前一定要控制好叉的公转，叉头朝下，手臂放在最低点，才能把力

视频：大挥翅

量充分作用在叉杆上）让叉在空中转过900度，叉也会向上离开身体3米以上。此时叉头向上，用手掌接叉，与此同时叉在手上继续公转180度，叉头向下。接叉后以左脚为轴迈出右脚转身不小于270度，让叉沿右臂外侧滚向后背，通过后背滚向左臂，当叉杆到达左臂时，左臂向头的方向抬起。当叉杆滚到左手手指时叉的公转又已转过180度，此时叉杆到达手背，再沿左手手背通过双肩滚向右臂。

（5）过桥大挥翅的练法

挑翅后叉杆横向沿右臂下滚，当叉滚到右手小臂时轻挥小臂，让叉公转360度，叉头朝下，此时伸出左手，左臂用最大力气向上挥起将叉带有很强的公转抛向空中（挥臂前一定要控制好叉的公转，叉头朝下，手臂放在最低点，才能把力量充分的作用在叉杆上），让叉在空中转过900度，叉也会向上离开身体3米以上。此时叉头向上，用手掌接叉，与此同时叉在手上继续公转180度，叉头向下。接叉同时以左脚为轴迈出右脚转身不小于270度，让叉沿右臂外侧滚向后背，通过后背滚向左臂，当叉杆到达左臂时，左臂向头的方向抬起。当叉杆滚到左手手指时，叉的公转又已转过180度，此时叉杆到达手背，再沿左手手背通过双肩滚向右臂。

视频：过桥大挥翅

（6）戏水大挥翅的练法

在戏水动作基础上，用左臂将叉用最大力量向空中抛起，让叉顺时针方向在空中转过900度，叉也会向上离开身体3米以上。此时叉头向上，用手掌接叉，与此同时叉在手上继续公转180度，叉头向下，接叉同时左脚为轴迈出右脚转身不小于270度，让叉沿右臂外侧滚向后背，通过后背滚向左臂。当叉杆到达左臂时，左臂向头的方向抬起，当叉杆滚到左手手指时，叉的公转又已转过180度，此时叉杆到达手背，再沿左手手背通过双肩滚向右臂。

6. 单打系列

（1）单打的练法

让飞叉沿右臂滚下，叉头45度朝下，顺势用力将叉打起在空中公转360度，落在右臂上继续将叉打起360度，循环往复。（示范者：姜立中）（图10-1-6）

图10-1-6 单打

（2）过桥的练法

让飞叉沿右臂滚下，叉头45度朝下，顺势用力将叉打起在空中公转360度，落在小臂上继续将叉打起360度，两手交替，循环往复。

（3）戏水的练法

让飞叉沿左臂滚下，叉头45度朝下，顺势用力将叉打起在空中公转360度，落在小臂上继续将叉打起360度，循环往复。

视频：单打、过桥、戏水

（4）大单打的练法

让飞叉沿右臂滚下，叉头45度朝下，顺势用力将叉打起在空中公转720度，落在右臂上，可以继续将叉打起720度，单个动作循环。

视频：大单打

7. 轧膀系列

（1）轧膀的练法

用筛糠动作先将叉轻轻抛起，让叉的重心点水平落到右大臂上，此时叉头向前，沿右臂向下外滚动，当叉滚到手指时，叉的公转转过180度，手向外翻，叉沿手臂内侧向内滚动，此时以右脚为轴后撤左脚，叉滚到肩的位置再公转180度，向下滚去，循环往复。（示范者：姜桂海）（图10-1-7）

视频：轧膀

图10-1-7 轧膀

（2）大轧膀的练法

用筛糠动作先将叉轻轻抛起，让叉的重心点水平落到右大臂上，此时叉头向前，沿右臂向下外滚动，同时手臂向左上方扬起，将叉抛至空中，让叉在空中公转540度，伸出右手，让叉落在手掌上，叉沿手臂内侧向内滚动，以右脚为轴后撤左脚，叉滚到手臂的位置再公转180度，向下滚去，循环往复。

视频：大轧膀

（3）小金掏的练法

用筛糠动作先将叉轻轻抛起，让叉的重心点水平落到右大臂上，此时叉头向前沿右臂向下外滚动，当叉滚到手指时，叉的公转转过180度，手向外翻，右臂向左上方抬起，叉沿手臂外侧滚向肋下，伸出左臂将叉从肋下掏出，让叉公转180度，放在右臂上，同时右脚为轴后撤左脚，循环往复。

视频：小金掏

（4）大金掏的练法

用筛糠动作先将叉轻轻抛起，让叉的重心点水平落到右大臂上，此时叉头向前沿右臂向下外滚动，当叉滚到手指时，叉的公转转过180度，手向外翻，右臂向左上方抬起，叉沿手臂外侧滚向肋下，伸出左臂将叉从肋下掏出，向上撩起让叉在空中公转360度，落在右臂上，同时右脚为轴后撤左脚，循环往复。

8．抱叉肋系列

（1）抱叉肋的练法

两脚不动，身体向左侧转，抬起左臂，右臂围绕身体向后背打叉，让叉在后背腰部从左到右围绕身体到达右侧，此时身体回转再用右臂将叉接住，落到大臂上。（示范者：赵智力，用左手练叉）（图10-1-8）

视频：抱叉肋

图10-1-8 抱叉肋

（2）脖串的练法

用筛糠动作先将叉轻轻抛起，让叉头朝左后方落到左小臂上，左臂上抬，让叉悬空从左到右从背后围绕肩部，落到右臂上。

（3）腰串的练法

两脚不动，身体向左侧转，右臂围绕身体向后背打叉，右手离开叉杆后，用左手轻轻扑打叉的尾部，让叉在后背腰部从左到右环绕身体到达右侧，此时身体回转再用右臂将叉接住，落到右小臂上。

视频：脖串

9. 背剑系列

（1）搓剑的练法

把叉杆放在左臂上，叉头朝右，用左手将叉杆一端向右上方撩起，当叉头朝下，伸出右手向外颠搓叉的重心位置，在叉自转的同时公转180度后伸出左手（左手在上，右手在下），让叉杆落到左小臂上。（示范者：赵智力）（图10-1-9）

视频：搓剑、蹦楞鼓

（2）背剑的练法

要以搓剑起步，用左手小臂将叉杆的一端撩起使其公转180度，叉杆大体与地面平行，此时伸出右手让叉搭在手掌上，与此同时以左脚为轴迈出右脚，叉头向上，叉杆在叉自转和身体转动的作用下，从右臂竖直通过后背滚到左臂，到达左臂后叉头下落，连接搓剑。（示范者：赵智力）（图10-1-10）

视频：背剑

（3）蹦楞鼓的练法

要以搓剑起步，用左手小臂将叉杆的一端撩起使其在空中公转540度，叉头朝下时，此时伸出右手让叉搭在手掌上，与此同时以左脚为轴迈出右脚，叉

图10-1-9 搓剑

图10-1-10 背剑

头向上，叉杆在叉自转和身体转动的作用下，从右臂竖直通过后背滚到左臂，到达左臂后叉头下落，连接搓剑。

（4）前后背剑的练法

用左手小臂将叉杆的一端撩起使其公转180度，叉杆大体与地面平行，此时伸出右手让叉尾的一端搭在手掌上，与此同时以左脚为轴迈出右脚，叉头向上，叉杆在叉自转和身体转动的作用下，从右臂竖直通过后背滚到左臂，到达左臂后公转过180度，用左手撩叉杆的一端使叉在自转的同时公转180度，此时让叉通过左臂前胸滚向右臂，到达右臂后，右手外翻让叉公转180度进入手背，再次让叉通过右臂、后背滚到左臂，循环往复。

视频：前后背剑

10. 莲花翅系列

（1）莲花翅的练法

起步时首先要将叉立向公转变成水平方向公转，可以从手串转入也可以从筛糠转入。筛糠结束后，让叉落在两臂上，双臂向左斜上方捧起，让叉在上方空中水平方向公转450度，下落时伸出左手，用左手手背接叉，叉杆沿左手手背下滚通过双肩滚向右臂，在滚动的过程中叉杆公转270度，叉将要滚到右小臂时，右臂向左上方挥起将叉继续抛向空中，飞叉在空中公转450度后再次回落在左手手背上，循环往复。（示范者：姜立中）（图10-1-11）

视频：莲花翅

图10-1-11 莲花翅

（2）拉荷叶、洒荷叶的练法

要在莲花翅的基础上进行，起步时首先要将叉由立向公转变成水平方向公转，可以从手串转入，也可以从筛糠转入。筛糠结束后，让叉落在两臂上，双臂向左斜上方捧起，让叉在上方空中水平方向公转450度，下落时伸出左手，用左手手背接叉，叉杆沿左手手背下滚通过双肩滚向右臂，在滚动的过程中叉杆公转270度。叉滚到右小臂时，右臂向右斜上方将叉抛向空中，飞叉在空中公转450度后回落在右手手掌上，叉在掌上公转180度后沿右臂内侧向下滚动，右臂向左移动。当叉滚到大臂时，伸出左手将叉从右臂下向左上方掏出，抛向空中，叉在空中公转450度后回落在左手手背上，循环往复。

视频：洒荷叶

（3）大莲花翅的练法

大莲花翅要在莲花翅的基础上进行，起步时首先要将叉由立向公转变成水平方向公转，可以从手串转入，也可以从筛糠转入。筛糠结束后，让叉落在两臂上，双臂向左斜上方捧起，让叉在上方空中水平方向公转450度，下落时伸出左手，用左手手背接叉，叉杆沿左手手背下滚通过双肩滚向右臂，在滚动的过程中叉杆公转270度，叉将滚到右臂小臂时右臂向左上方用最大的力量将叉抛向空中，飞叉在空中公转900度后回落在左手手背上，让叉继续沿左臂通过臂膀滚向右臂，循环往复。

视频：大莲花翅

11. 抱月系列

（1）单抱月的练法

将叉带有公转抛至右前上方，让叉45度斜朝下落在右手大臂上，大胳膊内勾形成一个弧形，摇动胳膊，让叉竖直在胳膊的弧形中自转。（示范者：姜立中）（图10-1-12）

视频：单抱月

（2）双抱月的练法

借助于单抱月的惯性，双手环抱，形成一个圆圈，双臂左右、前后摇摆晃动，让叉立向在双臂形成的圆圈中自转。双抱月和单抱月只有自转没有公转。（示范者：姜立中）（图10-1-13）

（3）粘糖人的练法

将叉的重心略偏叉尾处放至手腕上，左右抡动胳膊，借助抡臂的惯性，叉头朝下将叉粘在手腕上。此动作比较特殊，既无自转又无公转。（示范者：姜立中）（图10-1-14）

视频：单抱月、双抱月、粘糖人

12. 踢系列

（1）前踢的练法

让叉杆落在右臂上，右臂向前挥动叉杆缓慢公转，顺着胳膊外侧滚动，通过腰部滚到腿上，让叉杆与腿形成十字（让叉垂直于腿），当叉滚到膝盖时，用力向左斜上方将叉踢起，叉在空中公转540度后落在左手手背上。（示范者：姜立中）（图10-1-15）

视频：前踢

图10-1-12　单抱月

图10-1-13 双抱月

图10-1-14 粘糖人

图10-1-15 前踢

（2）后踢的练法

叉从右臂滚下，用右臂将叉打向左腿后侧，让叉落到左腿腿肚以上，此时身体前倾用力，用左腿后侧将叉踢起，让叉在空中公转540度后落到左手手背上。（示范者：姜立中）（图10-1-16）

视频：后踢

（3）右侧偏踢的练法

叉从侧面右手上滚下，让叉杆45度落在右小腿腿肚上，小腿轻轻上勾让叉公转180度，此时叉头向上，伸出右手，叉沿右臂外侧滚向后背（可以说踢个挥翅），到达左臂后左臂上抬到头部，叉公转180度后到达手背，连接挑翅。（示范者：姜立中）（图10-1-17）

（4）左侧偏踢的练法

叉杆从左臂内侧滚动落下，落在左腿腿肚上，左腿轻轻勾起让叉公转90度落在左手手背上。（示范者：姜立中）（图10-1-18）

视频：左侧偏踢

（5）碰膝的练法

用右臂将带有公转的飞叉，滚落在右腿膝关节以上，用大腿将叉弹起让叉公转180度，落在左腿膝关节上继续弹起180度，双腿交替，循环往复。（示范者：于传利）（图10-1-19）

（6）张飞骗马的练法

用右臂将带有公转的飞叉打入腿下，同时将腿抬起，将叉打过头顶，让叉在空中公转180度，然后落在左手手背上，随后将腿落下。（示范者：于传利）（图10-1-20）

视频：碰膝

图10-1-16 后踢

图10-1-17 右侧偏踢

图10-1-18 左侧偏踢

图10-1-19 碰膝

图10-1-20 张飞骗马

（7）脚花的练法

叉沿右臂滚下，让叉头略低放到右脚面上，用脚脖将叉拨过180度后，落到脚面上，用脚脖再次拨叉杆的尾部，使其公转180度，循环往复。（示范者：姜立中）（图10-1-21）

（8）拉车的练法

让飞叉沿右臂后侧滚到腿的后边，落在右小腿上，叉尾落在地上，人体沿逆时针方向绕圈，以叉杆一端为圆心，两腿交替带着飞叉绕圈。（示范者：姜立中）（图10-1-22）

视频：脚花

图10-1-21 脚花

图10-1-22 拉车

二、抡转类动作

抡转类动作是只有公转没有自转的动作，这些动作包括：纺线、纺线戏水、接背脊、大接背脊、纺线过腿接背脊、架腿、接小背、五把轮子、撇桃、涮档子、前托叶、后托叶、砸麻筋、十字披红、披红四转、脯花、脖花等。这些动作是在手心、手掌、手背、脖子、胸脯、脊背上完成的。

1. 撇桃系列

（1）撇桃的练法

用右手握住叉的重心，放在面前，叉头朝右，顺时针拧动叉杆，迈出右脚，拧杆的同时，身体前倾，手向下落，当手下落到腰部时，叉的公转已经转过270度，让叉头从身体腋下通过的同时把叉向上空提抛，叉在空中公转360度。下落时用左手手心朝上将叉接住，同时后撤左脚，左手顺势拧动叉杆，同时向下把叉带到腰部，叉头从腋下通过后将叉提抛到空中，用右手手心朝外抓叉，循环往复。（示范者：赵智力）（图10-2-1）

视频：撇桃

图10-2-1 撇桃

（2）大撒桃的练法

用右手握住叉的重心，放在面前，叉头朝右，顺时针拧动叉杆，迈出右脚，拧杆的同时，身体前倾，手向下落，当手下落到腰部时，叉的公转已经转过270度，让叉头从身体腋下通过的同时把叉用最大的力量向上空提抛，叉在空中公转720度。下落时用左手手心朝上将叉接住，同时后撤左脚，左手顺势拧动叉杆，同时向下把叉带到腰部，叉头从腋下通过后将叉提抛到空中，用右手手心朝外抓叉，循环往复。

视频：大撒桃

2. 掌花系列

（1）后托叶的练法

用左手握住叉的重心，叉头朝右逆时针拧动叉杆，手腕内扣让叉头从腰部腋下通过后，左臂向后伸出掌心向上，让叉在手掌上水平公转。（示范者：姜立中）（图10-2-2）

（2）前托叶的练法

动作紧接后托叶，从身后将叉从左手递到右手，用右手握住叉的重心，拧动叉杆同时手臂向侧前方伸出，掌心向上，张开手指，让叉在右手掌心中水平公转。（示范者：姜立中）（图10-2-3）

视频：前托叶、后托叶、砸麻筋

（3）砸麻筋的练法

将叉的重心放至左手手掌，右手握杆，与臂平齐，向左悠动左臂的同时，左手下扣让叉到达手背，攥起拳头让叉在手背拳头上水平公转。（示范者：姜立中）（图10-2-4）

（4）立掌花的练法

用右手顺时针拧动叉杆，左臂放在头的左上方，将拧动的叉放至左手掌心，让叉立向30度仰角在掌心公转。（示范者：姜立中）（图10-2-5）

视频：立掌花

图10-2-2　后托叶

图10-2-3　前托叶

图10-2-4　砸麻筋

图10-2-5 立掌花

3. 纺线系列

（1）纺线的练法

用右手握叉的重心，顺时针抡转叉杆，当叉公转180度时将叉抛出，让叉在空中旋转180度后，用右手抓住，继续拧动叉杆，再次抛出，循环往复。（示范者：赵智力）（图10-2-6）

视频：纺线

图10-2-6 纺线

（2）纺线戏水的练法

用右手握叉的重心，在纺线的基础上，用力将叉抛向空中，让叉在空中公转360度，右手将叉接到手里，继续抡转，循环往复。

（3）纺线接背脊（掉金背）的练法

用右手抡动叉杆，用力将叉抛向空中，让叉在空中公转720度，同时向右转身180度手从背后将叉接到手里，顺势再向右转身180度，继续抡转，连接纺线。（示范者：赵智力）（图10-2-7）

（4）纺线过腿的练法

用右手抡动叉杆，当叉头朝下时，抬起右腿，让叉从腿下抡过后，用右手接住，连接纺线。（示范者：姜立中）（图10-2-8）

视频：纺线戏水

视频：纺线接背脊（掉金背）

视频：纺线过腿

（5）纺线过腿掉金背的练法

用右手握住叉的重心位置进行抡转，抬起右脚让叉从脚下经过抛向空中，

图10-2-7　纺线接背脊

图10-2-8　纺线过腿

叉在空中公转720度，同时身体右转180度，从背后用右手将叉接住。接住叉后继续向右转体180度，回到起始位置，连接纺线。

（6）大接背脊的练法

用右手握住叉的重心位置，抡动叉杆，用力将叉抛向空中，让叉在空中立向公转1080度后，向右转身180度，手从后背将叉接住，继续向右转体180度，回到起始位置，连接纺线。（示范者：赵智力）（图10-2-9）

（7）纺线大戏水的练法

用左手抡动叉杆，用力将叉抛向空中，让叉在空中公转1080度后，右手将叉接住，连接纺线。（示范者：赵智力）（图10-2-10）

视频：大接背脊

视频：纺线戏水、大戏水

图10-2-9　大接背脊

图10-2-10　纺线大戏水

4. 五把轮子系列

（1）拧轮子的练法

身体直立，两脚微微叉开，叉头朝上，右手拇指向下，握住叉杆，顺时针转动叉杆，让叉公转360度，伸出左手，拇指向下，接过叉杆，接叉时右手在上，左手在下，继续顺时针转动360度后倒到右手，倒手时右手在上，左手在下。两手交替，循环往复。（示范者：赵智力）（图10-2-11）

视频：拧轮子、火叉

（2）五把轮子（第一把）的练法

从拧轮子进到五把轮子需要转体，当左手握叉转动时，抬起左脚，向右转体180度，此时叉到达人背后。叉头向右，右手掌心向上，接过叉杆，此时叉公转了360度，右臂在身后接叉后，右手向右侧上方拧叉，手臂抬至侧平举位置，此时叉头朝前随即手向下扣，公转同时将叉抢向身体左侧，两脚不动身体左转，左手拇指朝下接过叉杆，左手抓叉后重复相同动作。（示范者：赵智力）（图10-2-12）

（3）五把轮子（第二把）的练法

连接第一把，从背后用左手倒到右手，手心向上握住叉杆，手臂向右侧上方抬起，将叉抢转至右侧，两脚不动，身体右转，叉顺时针公转360度，叉头朝前，左手接叉顺势将叉带向身体左侧，身体左转，用左手将叉杆从背后递到右手。（示范者：赵智力）（图10-2-13）

视频：五把轮子、立掌花

图10-2-11 拧轮子

图10-2-12 五把轮子(第一把)

图10-2-13 五把轮子(第二把)

（4）五把轮子（第三把）的练法

连接第二把，将右手放在身后，手心向上握住叉杆，手臂抡转着叉杆向上抬起到后脑勺，叉公转了720度，同时左臂到脑后接叉向下抡转到背后，叉再公转720度。（示范者：赵智力）（图10-2-14）

（5）五把轮子（第四把）的练法

连接第三把，将右手放在身后，手心向上握住叉杆，手臂抡转着叉杆向右上方将叉抛起，叉在空中公转720度，用右手接住，顺势带叉到后脑勺，左臂到脑后接叉，向下抡转到背后。（示范者：赵智力）（图10-2-15）

图10-2-14　五把轮子（第三把）

图10-2-15　五把轮子（第四把）

（6）五把轮子（第五把）的练法

连接第四把，右臂将叉抡转到后脑勺，抬起左手到脑后接叉，接叉后将叉向左侧上方抛起，叉在空中公转720度，下落时用左手抓叉抡至身后。五把轮子完成后，身体向右后转180度，回到起始状态。（示范者：赵智力）（图10-2-16）

图10-2-16　五把轮子（第五把）

三、翻转类动作

翻转类动作是指以公转为主，带有少部分不规则自转的动作。它包括：盘双肘、左右单盘肘、正手串脖、反手串脖、背花、压肩过脖、后抡过肩、盘旋过肩、摇肩过背等。这类动作需要以抡转类动作作为依托，起步要使用抡转类动作进入到翻转类动作，结束时还是要回到抡转类动作上来。每个翻转类动作的连接也是靠抡转类动作完成的，也就是说抡转类动作贯穿于翻转类动作的始终。

1. 小驴转磨的练法

将带有公转的飞叉，用左手将叉撩到右手手背，此时公转为180度，右手上抬将杆的一端翻到右肩上，叉头绕过后脑勺，通过左肩到达左手，再用左手翻到右手，左、右手翻叉的同时身体向左转圈。（示范者：姜立中）（图10-3-1）

2. 盘臂翅子的练法

左手挑翅起，当手到达头部，叉的公转已经转过180度，叉杆到达手指进到手背，手臂在左上方顺时针微微摇动，让叉带有自转翻转，沿手臂滚动翻转到臂部，通过脖子来到右臂。（示范者：姜立中）（图10-3-2）

3. 翻叉过肩的练法

身体直立，右脚在前，叉头向前下方，把杆的一端放到腋下，手心向下握住叉杆的重心偏后处，胳膊向上抡起，当叉到达肩膀时，松开右手，使叉绕肩膀上压过，叉公转360度后，右手回到腰部将叉攥住。（示范者：姜立中）（图10-3-3）

图10-3-1 小驴转磨

图10-3-2 盘臂翅子

4．翻叉过脖的练法

身体直立右脚在前，叉头向前上方，把杆的一端放到大臂上，手心向上握住叉杆的重心偏后，胳膊向下抡去，从背部将叉抡到肩后，叉到达肩膀时，松开右手，当叉杆一端朝上时，后撤右脚身体右转90度，让杆的一端在脖子上从右压到左边，右手到达脖的左侧将叉杆攥住。（示范者：姜立中）（图10-3-4）

图10-3-3 翻叉过肩

图10-3-4 翻叉过脖

5．盘肘的练法

（1）盘肘的练法

用右手向左大臂下拧动叉杆，抬起左大臂，蜷起左小臂，用右手将叉的重心点放至左大臂上，让叉杆在左大臂上翻转270度，进到右大臂上继续翻转270度，然后用右手反手握住叉杆。（示范者：姜立中）（图10-3-5）

（2）左、右单盘肘的练法

用右手向左大臂下拧动叉杆，抬起左大臂，蜷起左小臂，将叉的重心点放至左大臂，让叉杆在左大臂上翻转270度后，左手握叉拧叉杆公转180度传入右手，右手瞬间松开，让叉在右肘公转270度。右手朝下，翘起右肘，然后用右手反手握住叉杆，连接拧轮子。

视频：单盘肘、双盘肘

6. 盘肩的练法

右手背在身后，反手握叉，叉头向右，右臂顺时针抡叉从身后抽出向右侧伸去，胳膊侧平举伸直，同时张开右手，让叉在手掌上公转一周后，沿大臂、肩膀、脖子盘旋进入左臂，到达左手时（从右到左叉公转1440度）左臂上抬，让叉顺左臂滚回右臂。（示范者：姜立中）（图10-3-6）

7. 背花的练法

用右手握住杆，顺时针抡转叉杆，抡杆的同时右臂向左肩方向移动，当

图10-3-5　盘肘

图10-3-6　盘肩

叉头朝后时将叉放到左肩上，然后转到背部，叉在背部公转360度后，这时两脚不动，向左转动身体，用右手在右侧后方，反手将叉握住。（示范者：姜立中）（图10-3-7）

8. 串脖、串背的练法

用右手握住叉的重心，抡动叉杆将叉头一方放到脖子左侧，叉缠脖过到右侧后，左手掌心向上，握住叉的重心位置，然后沿左手腕向顺时针方向转动将叉杆的一边放到脖子上，通过后背到达右侧腰部，用右手反手将叉杆攥住。此过程叉公转角度为360度。（示范者：赵智力）（图10-3-8）

图10-3-7　背花

图10-3-8　串脖、串背

9. 童子拜佛的练法

用右臂将带有自转和公转以及盘旋的叉杆，带到前额上端，双手合拢做成拜佛的姿势，以叉杆重心围绕拜佛的手腕进行公转。（示范者：姜立中）（图10-3-9）

视频：童子拜佛

10. 金龙盘柱的练法

将叉带有公转抛至前额左侧，伸出左手让叉落在手腕上，手腕顺时针摇动，让飞叉在手腕上公转。（示范者：姜立中）（图10-3-10）

视频：金龙盘柱

图10-3-9　童子拜佛

图10-3-10　金龙盘柱

四、双头叉动作

双头叉在三路居开路会的表演中并不常见，只是在一些个人表演的时候才会出现。双头叉的动作与单头叉相似，最大的区别在于叉的重心变化。普通单头叉的重心，大体在叉头下边1/3的位置，双头叉的重心却是在1/2的位置，也就是叉体的中间位置。单头叉与身体接触的位置，多数是在叉的中心。可双头叉的多数动作，却并不在叉的中心上。因此，练惯了单头叉，并不是很容易能够马上适应双头叉的重心变化。

1. 双头叉背剑的练法（示范者：赵智力）

视频：双头叉搓剑、背剑、蹦楞鼓

图10-4-1　双头叉背剑

2. 双头叉蹦楞鼓的练法（示范者：赵智力）

图10-4-2　双头叉蹦楞鼓

3. 双头叉单打的练法（示范者：赵智力）

视频：双头叉单打、过桥、戏水

图10-4-3　双头叉单打

4. 双头叉莲花翅的练法（示范者：姜立中）

视频：双头叉莲花翅

图10-4-4　双头叉莲花翅

5. 双头叉筛糠的练法（示范者：刘士阳）

图10-4-5　双头叉筛糠

6. 双头叉戏水的练法（示范者：赵智力）

图10-4-6　双头叉戏水

7. 双头叉搓剑的练法（示范者：赵智力）

图10-4-7　双头叉搓剑

8. 双头叉撇桃的练法（示范者：赵智力）

视频：双头叉撇桃

图10-4-8　双头叉撇桃

9. 双头叉轧膀（示范者：姜利甫）

视频：双头叉轧膀

图10-4-9 双头叉轧膀

五、双人叉动作

双人共同表演一把飞叉，是三路居开路会的一项特色节目。特别是他们的双人配合动作并不局限于飞叉在二人之间抛接传递，还可以进行滚动传递，这在全国的开路会飞叉表演中还是比较少见的。这样的表演，不仅需要两个人的飞叉动作技巧都很娴熟，更对他们之间抛接滚动的角度、力度、速度都有很高的要求，需要两个人非常默契的配合。

1. 双人背剑的练法

甲、乙二人，甲在前、乙在后。甲用左手将带有公转和自转的叉杆的一头撩到乙右臂上。乙接叉后手臂内扣，向左转身，叉头朝上从身体背后滚到左手。这时乙再将叉搭在甲的右手上，让叉继续从背后滚到左手，循环往复（示范者：姜立中、于传利）（图10-5-1）

视频：双人背剑

2. 双人过桥的练法

甲、乙二人并排，甲为弓步，乙直立将右脚放至甲弓脚的前面。甲用右臂将叉打起360度，落到乙的左臂上，乙用左臂将叉打出360度后回到甲的右臂上，继续打叉，循环往复。（示范者：姜立中、于传利）（图10-5-2）

视频：双人单打、过桥、戏水

图10-5-1 双人背剑

图10-5-2 双人过桥

3. 双人侧偏踢的练法

甲、乙二人，甲在前、乙在后。当甲用左臂挑翅通过肩膀滚向右臂的同时，乙从甲的后背向前斜跨一步，到达甲的前边，叉顺着甲的右臂滚到乙的右臂，乙右臂外翻，让叉公转180度后落在右小腿肚上，右腿上勾将叉勾起180度，伸出右手，叉头朝上接到手里，手臂内扣，身体左转，让叉从背部滚到右臂。（示范者：姜立中、于传利）（图10-5-3）

4. 双人前踢过人的练法

甲让飞叉沿右臂滚下到右脚，用右脚将叉踢向乙，空中公转360度，乙用左手手背将叉接住滚向右臂。（示范者：姜立中、于传利）（图10-5-4）

5. 双人挑翅的练法

甲、乙二人并排而立，甲左手搭乙右肩，用右手手串将叉打到乙的左臂，乙用左臂将叉挑起，通过乙的手背、臂膀滚向甲的右臂，甲再用手串将叉打向乙左臂，循环往复。（示范者：姜立中、于传利）（图10-5-5）

6. 双人小挥翅的练法

甲、乙二人，甲在前、乙在后。甲用左手将带有公转和自转的叉撩到乙右臂上。乙接叉后手臂内扣，向左转身，叉头朝下从身体背后滚到左手。这时乙再将叉搭在甲的右手上，让叉继续从背后滚到左手。（示范者：姜立中、于传利）（图10-5-6）

视频：双人挑翅、双人侧偏踢

图10-5-3 双人侧偏踢

图10-5-4 双人前踢过人

160

图10-5-5 双人挑翅

图10-5-6 双人小挥翅

7. 双人云里翻的练法

甲用右臂将叉立向抛到空中,叉公转540度后,乙用右手掌将叉接住,扣手转身让叉从背部滚向左手。(示范者:姜立中、于传利)(图10-5-7)

图10-5-7 双人云里翻

8. 双人互钻挑翅的练法

甲、乙二人，甲在前、乙在后。当甲用左臂挑起叉杆从左臂通过肩膀滚向右臂的过程中，乙从甲的背后向前斜跨一步，到达甲的前边，叉顺着甲的右臂滚到乙的右臂，乙接一个手串，从右手将叉打到左手，将叉挑起滚入手背。这时甲向前斜跨一步来到乙的前面，叉顺着甲的右臂滚入乙的右臂。（示范者：姜立中、于传利）（图10-5-8）

9. 双人大挥翅过人的练法

两人一前一后同向站立，甲在前、乙在后。叉杆沿甲的右臂滚下，叉头朝下身体下蹲，用最大的力量将叉立向抛向空中，叉公转900度后，乙用右手掌将叉接住，顺势手腕内扣，身体左转，让叉从背后滚向左臂。（示范者：闫彩生、赵智力）（图10-5-9）

视频：双人大挥翅过人

10. 双人大莲花翅过人的练法

叉杆沿甲的右臂滚下，叉头朝左身体下蹲，用最大的力量将叉平向抛向空中，叉公转900度后，乙用左手背将叉接住，顺手腕让叉从左臂滚向右臂。（示范者：姜立中、于传利）（图10-5-10）

视频：双人大莲花翅过人

图10-5-8 双人互钻挑翅

图10-5-9 双人大挥翅过人

图10-5-10 双人大莲花翅

11. 双人后踢过人的练法

甲、乙二人面对面站立，甲用右臂将叉送到左后小腿上，左脚上勾，身体前倾，将叉从后面踢到前面，乙用手背接叉。（示范者：姜立中、于传利）（图10-5-11）

12. 双人对扔的练法

甲乙二人面对面站立，甲用右臂将叉抛向对方，叉在空中公转360度，乙用左手背将叉接住，顺左手手背滚向右臂。（示范者：闫彩生、赵智力）（图10-5-12）

视频：双人对扔

图10-5-11 双人后踢过人

图10-5-12 双人对扔

附录1

三路居新善吉庆开路老会大事记

01. 1946年秋后，在北平市广安门外三路居村（现北京市丰台区丽新嘉园西区3号院，居民健身广场位置），新善吉庆开路圣会成立。

02. 1947年2月，开路会受邀参加中山公园音乐堂春节花会表演。

03. 1955年12月25日，开路会全体成员在前门外大北照相馆拍摄合影。

04. 1956年4月，在北京市丰台区张郭庄，开路会受邀在"社会主义新农具推广大会"上进行开幕表演，共计23名会员参与了此次活动。

05. 1956年4月，姜桂海等人正式拜李春林为师。

06. 1957年10月1日，开路会的姜桂海、姜桂林、姜桂森、陈立才、陈立富、王振林6名成员，和来自北京各区的80多位飞叉艺人组成了表演方阵，参加了国庆表演活动。

07. 1964年6月，北京市陶然亭公园为吸引游客，邀请开路会入园表演，30多名会员参加了本次表演。

08. 1976年10月，北京民众在天安门广场进行了庆祝活动，开路会受邀参加演出，文场和武场共计30多人参加了群众踩街表演。

09. 1979年8月，在北京劳动人民文化宫举办的夏季游园晚会上，开路会受邀进行表演。

10. 1983年2月，正月初一，在姜桂华、姜桂海的主导下重整开路会，更名为"新善吉庆开路老会"。

11. 1983年2月，正月初一，三路居开路会参加丰台区北大地踩街活动；正月十五，在北大地参加第二次踩街活动。

12. 1984年2月，崇文区委正式批准在龙潭公园举行"1984年春节民间花会联欢表演"，三路居开路会参加了北京市在改革开放后第一场恢复举办的龙潭庙会。

13. 1984年2月，正月初二，平安大街通车，三路居开路会受北京市西城区邀请，参加在西城区官园举办的踩街表演。会长姜桂华、姜桂海、姜立中、姜利甫等30多人参加表演。

14. 1985年2月，三路居开路会参加北京市地坛公园、陶然亭公园举办的春节庙会等活动。

15. 1985年7月,三路居开路会参加陶然亭公园夏季游园晚会。

16. 1987年1月,正月初一至初七,三路居开路会受邀参加北京市崇文区组织的"龙潭杯"首届民间花会大赛,姜桂华、姜桂海、姜立中、姜利甫等30多人参加表演,荣获金奖。

17. 1993年5月,妙峰山正式恢复举办庙会活动,三路居开路会受邀参加妙峰山庙会。此后,连续28年受邀参加妙峰山庙会。

18. 1999年7月,三路居开路会第三代传人12岁的赵智力开始正式学习飞叉技艺,加入表演队伍中。同年接受北京电视台《京城健身潮》节目采访。

19. 2001年1月,春节期间丰台区三路居村举行第一届春节踩街表演。此后连续12年,三路居开路会为三路居村的老街坊进行春节踩街表演。

20. 2003年4月2日,为了感谢三路居开路会连续多年公益支持妙峰山庙会,妙峰山景区管委会在门头沟区妙峰山顶碧霞元君祠为三路居开路会立会碑。村办企业三路居一公司、六公司、八公司以及丰肇隆市场给予了大力支持。

21. 2005年6月16日,三路居开路会第二代会长姜利甫,受邀参加妙峰山庙会申报国家级非物质文化遗产代表作名录花会联谊会。

22. 2006年4月,三路居开路会到丰台区王佐乡南宫参加丰台区第二届"卢沟文化节"民间花会大赛,并且获得二等奖。

23. 2006年7月9日,三路居开路会建会60周年,在卢沟桥乡党委宣传部和乡文化中心的支持下,在新建成的三路居金都苑小区里,三路居开路会举行了隆重的庆祝活动,《北京日报》《北京晚报》对此进行了采访和报道。

24. 2006年8月7日,《北京晚报》对三路居开路会第三代传人赵智力进行专题报道,刊登《北京小伙爱耍叉》的报道。

25. 2007年3月,三路居开路会正式获批丰台区非物质文化遗产代表性项目。

26. 2007年6月,三路居开路会到丰台区莲花池公园参加丰台区第二届民间花会大赛,并且荣获二等奖。

27. 2007年10月17日,在姜桂海的70岁生日当天,三路居开路会第一次举行正式的拜师仪式。

28. 2007年12月,三路居开路会在丰台区基层文化建设"六个十"示范项目评选中被评为"优秀非物质文化遗产保护项目",此后连续10年获得此奖项。

29. 2008年2月,三路居开路会应邀参加由北京民间文艺家协会、北京民俗博物馆在朝阳门外东岳庙共同举办的"东岳杯"北京市民间花会大赛,并荣获"优秀表演奖"。

30. 2008年2月28日,姜立中为三路居开路会建立新浪博客,并发布题目为"东岳杯北京市民间花会大赛"的博客。

31. 2008年10月25日,北宫国家森林公园开园,三路居开路会受邀参加公园第一届踏青节，为来园观光的民众进行文艺表演。

32. 2009年5月6日，三路居开路会第一代传人姜桂华、姜桂海，作为三路居村唯一延续的花会代表，参加三路居村花会历史编纂，支持了村志的撰写和留存。

33. 2010—2012年，三路居开路会被评为卢沟桥乡"年度基层文化特色团队"，连续3年获此奖项。

34. 2010年11月，北京市丰台区文化委员会，正式为三路居开路会颁发"丰台区级非物质文化遗产"证书。

35. 2011年正月初二，老会长姜桂华不幸辞世。

36. 2011年，姜立中建立全国第一个交流飞叉技术的QQ群"飞叉园地"。

37. 2012年8月，三路居开路会作为卢沟桥地区的历史文化传承代表项目被《卢沟桥乡志》收录。

38. 2013年2月17日，王斌与姜立中一起策划邀请全国各地飞叉英豪来京聚会。姜立中被推举为全国飞叉联谊会副会长。

39. 2014年7月，为纪念全民族抗战爆发77周年，三路居开路会受邀在北京市丰台区宛平城中国人民抗日战争纪念馆进行三天表演。

40. 2015年6月14日，为了表彰多年对药王庙庙会的贡献，北京市丰台区的药王庙授予三路居开路会传人姜桂海"特殊贡献奖"、姜桂华"终身荣誉奖"。

41. 2015年10月，三路居开路会受邀赴廊坊市参加京津冀飞叉交流展演大会。本次活动由廊坊市安次区文化广电新闻出版局主办，黄漕村飞云叉会承办。

42. 2016年2月，来自巴西的吉列尔梅·桑帕约·吉亚斯（Guilherme Sampaio Dias），中国名字"桑巴友"，加入三路居开路会，并与成员们共同参加了在八大处公园举办的春节庙会。

43. 2016年2月11日，三路居开路会接受《法制晚报》采访，记录老会连续28年参加妙峰山新春祈福活动。

44. 2016年6月9日，北京市丰台区第11个文化遗产日在园博园举行，三路居开路会受邀参加表演。

45. 2016年7月23日，三路居开路会接受中国网采访，并拍摄纪录片《叉舞七十载开路魂》，由中国互联网新闻中心向全网发布。

46. 2017年8月，三路居开路会受北京市海淀区永定路街道邀请，走进海淀区育英中学，建立飞叉社团。

47. 2017年11月，三路居开路会受邀参加第三届全国叉友联谊会、国家非物质文化遗产展演，获得"优秀参演团体"称号。

48. 2018年6月，三路居开路会受邀参加丰台区文化和自然遗产日暨丰台区第三届花会大赛，荣获第二名。

49. 2018年8月，三路居开路会受邀参加首届苏桥飞叉艺术节，并荣获

"优秀参演团体"称号。

50. 2019年1月，三路居开路会受邀参加丰台区迎新春群众文艺展演，开路飞叉、五虎少林、王佐镇太平鼓、右安门花棍、米粮屯高跷、丰台武术协会空竹分会联合表演"非遗"节目《炫彩民风》，首次实现了六种"非遗"项目组合演出，进一步提升了节目的观赏性。

51. 2019年3月，会长姜利甫被评为"丰台区非物质文化遗产项目代表性传承人"。

52. 2019年6月8日，三路居开路会受邀参加"文化和自然遗产日"宣传月展示活动。会上，丰台区文化和旅游局为姜利甫等人颁发非物质文化遗产传承人证书。

53. 2020年9月，三路居开路会受邀参加第四届全国叉友联谊会，获得"优秀参演团体"称号和"优秀表演奖"。

54. 2021年3月25日，会长姜利甫获得中国人民大学"2021年丰台区非物质文化遗产保护工作人员培训"结业证书。

55. 2021年4月，三路居开路会受邀赴雄安新区参加由雄县飞叉会组织的首届京津冀叉友联谊会活动。

56. 2021年5月，三路居开路会受邀参加北京市体育公益活动社区行暨丰台区第十三届全民健身体育节、第六届"承者风范"武林万人争霸赛，获民间民俗集体项目二等奖。

57. 2021年9月17日，在姜桂海、王书春、姜立中、姜利甫等人的改良和研发下，新型可拆卸、防滑式开路飞叉正式取得国家实用新型专利认证。

58. 2022年1月，三路居开路会第三代传人赵智力，结合现代舞蹈和剧情式表演，编演了拜年节目《叉飞路开》，在全网同步播出，得到了"95后"观众的线上百万点赞。

59. 2022年2月，正月初一，三路居开路会受邀参加由丰台区丽新嘉园小区举办的"迎新春——民间民俗踩街活动"。三路居开路会四代开路飞叉文武场传人，来到76年前开路会成立之地，开路会创会会长李文庭家原址（现丽新嘉园西区3号院，居民健身广场位置），为全体5000多社区居民进行了新春祈福表演。

60. 2022年2月22日，在丰台区莲花池公园冬奥文化广场，三路居开路会受邀参加由丰台区武术协会举办的综合展演。

61. 2022年3月4日，在丰台区莲花池公园冬奥文化广场，三路居开路会受邀参加由丰台区非物质文化遗产保护中心举办的综合展演。

62. 2022年9月24—25日，在世界公园，三路居开路会受邀参加"炫彩非遗——花会荟萃"非遗进景区演出活动。

63. 2022年10月28日，三路居开路会受邀参加周庄子社区第十届职工健身运动会的开幕式演出。

附录 2

三路居新善吉庆开路老会成员名录

（各时期重复人员，优先列入早期）

初创期成员名单（1946—1955年）

时任会长：
李文庭、康茂永、孟庆奎

武场：
马永泰、李春林、刘景奎、马富田、王振林、武殿元

文场：
李文庭、姜桂华、李延安、肖永才、孟庆利、曹玉田、刘德顺、侯宝山、韩凤明、孟凡荣、郭文瑞、绍文安、关宝峰、王继春、侯增福、刘文瑞

发展期成员名单（1956—1982年）

时任会长：
李文庭、姜桂华

武场：
姜桂海、王振林、陈立富、陈立才、姜桂森

文场：
姜桂华、李墨林、崔凤明、绍文安、张富喜、孟凡荣、康继宗、郭文斌、郭文瑞、侯增启、李玉志、崔振启、刘玉春、蔡书贵、孙玉林、郭德才、元宝贵

老会稳定期成员名单（1983—2022年）

时任会长：
姜桂华

现任会长：
姜利甫

武场：
（第一批）
姜立中、闫彩生、姜利甫、张东伟、刘士阳、尹志琪、姜立国、靳昌荣、王昆

（第二批）
王书春、于传利、赵智力、闫立刚、任福春、金恒志、尹征、赵辉、刘仲福、韩立军、宋卫民、张艺华、田伟庆、吴占勇、桑巴友（巴西籍）、于静（女，特邀会员）、张天祎（女）、赵宏源（6岁）

文场：
吴金路、郭景明、王凯、刘松树、王清林、张启增、韩玉顺、潘景题、尹志良、张亚东、李红斌、佟秀春、王文智、王文义、姜立国、姜勇、尹志岐、刘玉雁、韩金印、王庆元、刘征、赵宝柱、马怀明、李宏斌、梁宝林、关庆玲、王立民、吴占勇、高龙禹

附录 3

关于学练飞叉的一点体会

姜立中

2009年6月25日

我总想写点关于飞叉的东西。本来写作水平就差，再加上飞叉是一项实践性很强的运动，表演或练习时飞叉要以各种不同的方式，从各种不同的角度在全身各个部位滚动旋转，有时还要脱离身体飞向空中，然后根据不同的动作，回落到身体的不同部位，继续滚动旋转连接下一个动作，要想把所有动作的全过程描述出来，把它变成文字，让不会练叉的人看懂学会，对于我来说确实是太难了。四川有个练叉的小伙子，在QQ上问我，纺线过腿怎么练。其实说起来，纺线过腿是一个比较容易说清楚的动作，因为这个动作只有公转没有自转，但学起来还是有一定难度的。它是用手指握着叉杆的重心处抡转，在公转一周的过程中，将腿抬起来，把叉从腿下扔过去，再接到手里继续抡转。当时我跟他说："纺线过腿的时候，手不要过高，主要是抬腿和扔的时机，你要扔叉的一瞬间，正好也是你抬腿的时候，但一定要将叉头的一端先送入腿下。"我不知道有没有说明白，更不知道他听明白了没有，即使他听懂学会了，这也只能和会练叉的人说。如果他连纺线都不知道，你怎么和他说如何练纺线过腿呢？也就是说你写的东西，怎么才能让不懂叉的人看懂学会。要是真能把每个动作如何完成的都写出来，我看我是含恨九泉也无法完成的。眼下只能尽我的微薄之力，将自己多年学练飞叉的体会谈一谈了。只供懂得飞叉和会练飞叉的人，以及爱好者们参考。如果能为爱好者们，提供一些有意思的东西，是我的荣幸。同时希望各位能对我的想法、看法提出宝贵意见，根据你们练叉的经验，说出自己的观点和见解。

我认为飞叉动作大体分为两大类：旋转滚动类和抡转类。旋转滚动类动作是既有自转又有公转的动作，它包括：筛糠、手串、挑翅、叉套子、戏水、轧膀、大轧膀、金掏、大金掏、脖串、腰串、抱叉肋、小挥翅、云里翻、过桥云里翻、大挥翅、过桥大挥翅、戏水大挥翅、单打、过桥、莲花翅、拉荷叶、洒荷叶、单手莲花翅、大莲花翅、戏水背脊、莲花翅吊掖子（掖脖子）、前小踢、前踢、后踢、敞踢、跺踢、前踢套后踢（大过桥）、踢掖子、单抱月、双抱月、粘糖人、搓剑、背剑、脯剑、蹦楞鼓、大蹦楞鼓、前后背剑加五花等。

筛糠、手串、挑翅是最基础的动作，很多花样要由这三个动作来过渡。每个动作结束后，还要回到这三个动作上来。因此我认为这三个动作是基本动作，没有基本动作，是无法将各种动作连接在一起的。如果把各种动作的连接比喻成一串珠子，那么基本动作就是这串珠子的连线。所以在一场表演中基本动作会多次重复出现，除此之外的其他动作不要重复出现，最好能够做到不重不漏。这也是只针对我们的练法而言，不少地区还把反手串作为一个基本动作，而筛糠不作为基本动作。

我还认为手串、挑翅是基础中的基础，不能只把它当作一个动作练，它还是很多动作的组成部分。比较直接地看，手串是叉套子、戏水、小挥翅的组成部分。而且多数动作都要由手串来过渡，动作结束后还要回到手串、挑翅上来。因此手串、挑翅练的程度，直接影响你全部动作的质量。举个例子，如果你挑翅练走了形，你的小挥翅一定也会走形。你的小挥翅要是走了形，你的云里翻、大挥翅就不可能不走形。于师弟说过这样的话，如果你一个动作差一点，下一个动作又差一点，那么练到最后就差多了。因此练好手串、挑翅是非常重要的。当然我并不是说别的动作不重要，筛糠也很重要。再有，某个系列中也存在这个系列的基础动作，例如：小挥翅是云里翻的基础，云里翻又是大挥翅基础。搓剑是背剑系列的基础。纺线是戏水、接背脊这一系列的基础动作。还有一些动作需要筛糠进行过渡，如轧膀、脖串、前踢、敞踢等。

也有人在练完一个高难度动作后转入筛糠或叉套子，或用筛糠或叉套子去调整动作。个人认为，如果每个难度大一点的动作完成后，都用筛糠或叉套子去调整是不可取的，相同的动作练多了很絮烦，会让观看者感到厌倦。

我又根据旋转滚动类动作的不同特点，将它大体分为几个小的系列（或叫几个小组），不知是否得当，只供大家在学习时参考。

第一系列的动作是：叉套子、叉套子戏水、轧膀、大轧膀、金掏、大金掏、大掏棍。这些动作的特点是：表演时人要随着叉的运转迈出相应的步子，通常出现一种人围叉转的情形，才能把这一系列的动作完成得出色。

第二系列的动作是：脖串、腰串、抱叉肋。这类动作的特点是：练这类动作时要保持在步子不动的情况下，通过转腰，用手臂将叉从人的侧面或背后由左边打到右边，回身再用右臂接叉入手串，也可以说是叉围人转的动作（只限于本地的练法）。

第三系列又称挥翅系列，这类动作是：小挥翅、云里翻、过桥云里翻、过腿云里翻、大挥翅、戏水云里翻、过桥大挥翅、戏水大挥翅。小挥翅：挑翅下来以后，尽可能让叉头朝前，顺右臂滚下，叉杆滚到小臂时，小臂向上抬起，随着小臂的抬起，叉沿着顺时针方向公转，当叉杆滚到手指时叉头朝上，此时手掌向外翻转，在手掌向外翻转的同时，叉头已转过一个180度，此时叉头朝下，叉杆顺手臂的内侧滚向大臂，在翻手的同时，人向着叉自转相反的方向转体，人在转体的过程中，让叉从脊背上滚过去，滚入另一只胳臂连接挑翅，转身的角度要不低于270度。云里翻：挑翅下来用胳膊将叉竖向甩起，让叉杆在空中旋转540度，此时叉头朝上，用手心接到叉杆，叉杆沿小臂的内侧滚向大臂，接下来是和小挥翅一样叉从脊背上滚向另一只胳臂连接挑翅。大挥翅要比云里翻多甩起360度，也就是叉要在空中公转900度，接入时与云里翻相同。过桥云里翻是用右手打一个单打后，用左手将叉抛向空中，接法同云里翻。戏水云里翻是在单打、过桥、戏水后用左手竖向甩起一个540度，接入云里翻。戏水云里翻或戏水大挥翅都要放在单打系列里练，不放在挥翅系列中练。

  第四系列的动作是：莲花翅、拉荷叶、洒荷叶、单手莲花翅、吊掭子、大莲花翅、戏水背脊。这类动作的特点是：用手臂将叉扔过头顶，让叉保持水平方向（横向）在空中公转一周后，落到左手手背上顺胳膊滚下来。莲花翅：用双手将叉抛到头的上方，在空中公转一周后，叉落下时，伸出左手，将手伸过头顶用手背将叉接住，叉顺势沿着手臂的外侧滚下来，叉在公转和自转的作用下，通过肩膀滚向右手臂，这时用右手臂将叉再次抛向头的上方，循环数次。练习或表演时腿和脚要保持基本不动，两只手要上下交替，扔叉的手还没有落下来的同时，接叉的手就要伸出来。大莲花翅比莲花翅多了公转360度，高度也相应提高了。单手莲花翅是只用一只手完成扔和接两个环节，用左手臂内侧将叉抛向头的上方，再用左手背接叉，与接入莲花翅相同。拉荷叶、洒荷叶，从名称上看好像两个动作，其实它是一个动作的两个环节。如果只洒荷叶不拉荷叶就成了单手莲花翅，如果只拉荷叶不洒荷叶就成了大轧膀。不过练大轧膀的时候是需要动步的。因为洒荷叶就是一个单手莲花翅，因此洒荷叶我就不说了。拉荷叶：用右手背将叉抛到身体右侧斜前方，叉公转一周再伸出右手，用手心接叉，叉转过180度后到达胳膊，这时手向左前方领一下，叉会顺势滚到筋部，此时用左手去掏叉杆的重心处，接着来一个单手莲花翅，也就是洒荷叶。吊掭子：用脖子去接打起的莲花翅，这一动作的难度不小。

  第五系列的动作是：单打、过桥、戏水。这类动作的特点是：用左臂或右臂将叉打起在前方，公转360度后再伸出手臂继续打叉，叉杆要有一定的斜度（俗话说削着点），不要太立。单打很好理解，就是用一只手臂来打，过桥是用两臂交替来打，戏水是用另一手臂来打。往复进行数次，以各六次为好。练习时我认为以弓步为好，挑翅下来通过肩膀滚向右臂的同时，伸出左腿形成弓步，第一个单打的时候，弓步就已经形成，不要以手串转入单打。戏水结束后转入云里翻，不要变成手串。练这一系列动作时，要稳住双腿，身体尽量不要晃动。也可以按照打叉的节奏，双腿微微颤动，颤动是微微的，脚不能移动位置。这里你一定要充分领会"节奏"二字。我看到胡正文是这么练的，效果很好。

  第六系列的动作是：前左右小踢、后左右小踢、前踢、后踢、敞踢、跺踢、前踢套后踢、踢掖子。这些动作的完成都离不开腿和脚向前或向后的踢起。叉下落时正好在头的顶部，接法多数和莲花翅相同。踢叉和接叉的时候，尽量保持原地不动，不要满处乱追。就本人所知道的踢法不下几十种，我不好一一说清楚。我只把前踢和后踢的技巧在这里说一下。因为踢是比较难学的动作，我觉得有必要多说几句，前踢需要筛糠来过渡。筛糠时要将叉杆筛到侧面偏前一点，杆要平，手臂要低于肩膀，叉杆落在胳膊大臂和小臂之间关节处。再用小臂往前带上一下，来加快叉的转速，从而保证叉杆顺利地从胳膊通过右肋滚向大腿，此时开始抬腿，到达膝盖时迅速加力，将叉踢过头顶，让叉向莲花翅一样，水平方向在空中公转一周，落在左手背上顺着胳膊滚下，滚过肩膀再滚到另一只胳膊上去，连接手串。后踢：一个手串落到胳膊上后，要多打杆这一头，让叉杆的重心落到左大腿的后边，身体前倾的同时将腿向上勾起，同样用左手背接叉。前小踢手串后将叉杆放在膝盖下边一点，腿向着左前上方踢起一个小花，落在左手背上，最好能踢出"唰"的一种感觉。敞踢：筛糠时把叉杆的落点放在你的前方，不能离身远，叉杆要横向平着落在膝盖往上七八厘米的地方，杆落到腿上的一瞬间迅速将腿踢起。不管是敞踢还是前踢，杆滚到了膝盖上边一点的时候，就到你需要发力的时候了。

  第七系列的动作是：搓剑、背剑、脯剑、蹦楞鼓、大蹦楞鼓、前后背剑加五花。这类动作是两只手基本是掌心向上，根据叉杆公转的位置，左手在右手的上面，左手向里搓，右手向外搓，背剑的时候用左臂往右臂一搭，同时转动身体，当叉杆滚到右手手腕时手往前扣，这时让叉杆立着，叉头朝上，从胳膊滚向后背，通过后背滚到另一胳膊上。叉杆在背上滚过的时候，叉杆越直越高就显得越有功夫。这一系列的动作与其他动作有所不同，它的自转方向和其他动作正好相反，还有它要以杆的一头当叉的一头练。搓剑、背剑这两个动作，肖叔（肖宝才）和樊村的练法还与我们有所不同，我觉得肖叔和樊村是反着搓剑，肖叔是右架可背剑，能和我们这儿的左手过活，樊村是左活，可背剑又是右的，总结起来肖叔的练法是和樊村吻合的。不知因何石榴庄老苏的徒弟也是左搓剑。据我所知，肖叔也能右搓剑，可是从来没有看到过他的右背剑。我不知道他们的相同是不是一种巧合。

  第八系列的动作是：单抱月、双抱月、粘糖人。单抱月、双抱月是用单臂或双臂将叉抖起。这两个动作比较特殊，它只有自转没有公转。粘糖人是既无自转也无公转，因为粘糖人总和抱月连在一起，目前就分到这一系列吧。我看到凡是练单抱月的人，当叉落到胳膊上开始抱时，人都要转上一圈。我觉得这是因为抱月不需要公转，人转的原因是要将叉公转的冲力卸掉。

第九系列的动作是：十字披红、披红四转、脯花、脖花。这些动作本人没有学会，因此还无权加以说明。这几个动作我想起来总有点差异，它们有自转吗？回答"没有"似乎不对，回答"有"似乎也不对。能够肯定的是它是以公转为主的动作。我在考虑是否可以和前掌花、前托叶、后托叶、砸麻筋、脚花、碰膝等归为同一类。

至于怎样认识几种过腿，本人认为是某一系列动作的派生动作。例如：叉套子过腿是叉套子的派生动作，过腿云里翻是云里翻的派生动作，纺线过腿是纺线的派生动作。

第二大类动作是：抡转类动作。抡转类动作是只有公转没有自转的动作，这些动作包括：纺线、纺线戏水、接背脊、大接背脊、纺线过腿接背脊、架腿、接小背、五把轮子、撇桃、涮档子、前托叶、后托叶、砸麻筋等。这些动作是在手心、手掌、手背、脖子、胸脯、脊背上完成的。

我认为在这些抡转类动作中，还可以分为几个系列，在这里是否可将与纺线有关的动作，作为纺线系列动作，纺线系列动作大体有：纺线、戏水、接背脊、大接背脊、过腿接背脊、掉余、架腿、接小背。作为五把轮子，名字虽然只是一个，但从这个"五"字中你可以领会到它是一个系列的动作。这五把具体某一把该叫什么名字，目前还没有人说起这事。有的人只会练两三把。把撇桃、涮档子、前托叶、后托叶、砸麻筋算一个系列吧，本人认为有些勉强，但在本地区的练法中总会把这几个动作编排在一起。虽说有点牵强，放在同一个系列中还是有些道理的。至于怎么更趋于合理，如果有了更好的说法，我们再去调整吧。纺线及过腿我已在开始的时候提到过，在这就不多说了。

下面我谈谈戏水和接背脊的练法：戏水是纺线时将叉扔起，让叉在空中比纺线多出一个360度，再接到手里。而接背脊是扔起一个戏水的同时转身180度，把手放在背后将叉接住，立即转过身来，继续纺线。掉余是扔起一个戏水的同时，稍微向右侧一点身，抬起左腿把右手放在左腿下把叉接住。接叉后继续在腿下纺线就是架腿。架腿后用力抡一下叉杆，落下左腿转身从背后接叉就是接小背。

撇桃：手串下来一个拐向（指在练手串时，当叉滚入手心再到达小臂内侧的同时，手腕及小臂内扣，此时叉公转过180度）将叉杆握在手中，此时是右手握叉，拇指向左与杆是同一方向，此时手的位置是头的右前方，手背朝里，叉头向右。接下来手腕向外侧转，手腕拧动叉杆沿水平方向公转180度后，手臂顺着叉转动的走向，顺势下降至腰部，两腿成半蹲，身体前倾臀部向后，让腰部出现一个空档，让叉头从腰部转过去，叉头转过腰部，手往起提的同时将叉水平抛向空中，叉在空中公转360度后，伸出左手，手背朝前，虎口向左反把接叉，左手顺着叉公转的方向继续拧杆的同时，手臂回落到与腰基本平行的位置，让叉头从腰部再次转过去，手往起提将叉水平抛向空中。双手交替轮流重复上述动作。

涮档子：最后一个撒桃要用左手扔起，右手接叉的时候，手腕顺着叉公转的方向继续拧动叉杆，在拧叉的同时把手降至两腿之间，与此同时抬起左腿，将叉头从左腿内侧送入腿下，左腿刚刚离地，右腿随之腾起，瞬时间双脚腾空，有点和踢旋风腿近似之处，叉在两腿下经过，随之双脚交替落下。需要注意的是涮档子时两腿要伸直，更重要的是掌握好几个环节的时机配合，叉头送入脚下时手腿的动作基本上是同时进行的。这个动作表演好了特别显得有功夫，在初学的时候弄不好很容易摔倒。我觉得上了年纪后就不大适合练这一动作。目前不管是专业人士还是业余爱好者，很少有人练这个动作了。好像是在1998年给西铁营帮场，练这个动作时，把我一条崭新的缎背华达呢裤子左腿内侧，划了一条足20厘米的大口子，自此以后我就再也没有练过这个动作。

后托叶：撒桃结束时用左手接叉，此时手的位置是头的左前上方，接叉的手拇指向左，手背朝前，叉头向右。接下来手腕向内侧转，手腕拧动叉杆沿水平方向公转180度后，手臂顺着叉转动的走向，顺势下降至腰部，两腿成半蹲，身体前倾臀部向后，让腰部出现一个空当，让叉头从腰部转过去，此后手往后伸出，身向前倾，让叉在手心里转动。

前托叶：用右手拧动叉杆，伸出胳膊，让叉在右手心里转动。

砸麻筋：用右手握住叉杆的下半部，将叉的重心放在左手拳头缝里，向左上方一抢，让叉杆在拳头的手背上转动。

有一些动作只写了名称，没有谈到如何去练，原因是一些动作我还不会或练得不好，也有一些我确实很难说明白，还请大家谅解。以后随着我水平的提高再做解释吧。

不论是哪一个系列的动作，在表演中都要把它们有机地结合在一起，使之形成最佳组合。不管是练习还是出去表演都要有一个明确的定位，一个动作的开始和结束都回到原位。每个动作开始面对哪个方向，结束时还要面对那个方向。我这里主要指那些需要转身才能完成的动作，如叉套子、轧膀、金掏、小挥翅、云里翻、过桥云里翻、过腿云里翻、大挥翅、过桥大挥翅、戏水大挥翅、背剑、脯剑、蹦楞鼓、大蹦楞鼓、前后背剑加五花等。不需要转身的动作，如筛糠、手串、挑翅、单打、过桥、戏水、莲花翅、拉荷叶、洒荷叶、单手莲花翅、大莲花翅、前踢、后踢、敞踢、跺踢、前踢套后踢等，一定要面对观众，练习时也需要定一个方向，如同你前方就是观众，每个动作都要对着这个方向练。

动作的连接，动作的编排，谁先谁后，由哪个动作串到哪个动作，怎么连法，一个较高难的动作完成后连哪个动作为最佳，我认为也是尤为重要。具体的编排首先要把同一系列的动作放在一起，按照从易到难的顺序进行。例如第三系列的动作：①小挥翅；②云里翻；③过桥云里翻；④过腿云里翻；⑤大挥翅；⑥过桥大挥翅。戏水大挥翅要放在单打系列中去练（在系列编排时，也曾想过把戏水大挥翅放在单打系列，后来对此有点争议，所以还是将戏水大挥翅放在了挥翅系列），这样的编排也恰恰符合中间出现起伏的观点。第四系列的动作：①莲花翅；②拉荷叶、洒荷叶；③单手莲花翅；④吊小掖子；⑤大莲花翅。戏水背脊同戏水大挥翅一样不放在这一系列中练。本人用它来做收场动作。再如：纺线系列动作，是不是要以这样的顺序进行：①纺线；②戏水；③掉余；④架腿；⑤接小背；⑥接背脊；⑦过腿接背脊；⑧大接背脊。当然了有些动作是非那样连不可的，有些就可以灵活掌握。架腿不一定要用掉余过渡，但是你练了掉余就一定得练架腿。再者不练架腿，练接小背也就没了意义。从顺序上讲你不可能先练大接背脊再练戏水吧？大体要按照从简到繁、从易到难的次序。

在各系列里，可能会有你不会练的动作，这并不影响你动作的编排，根据你目前所会的动作从易到难排就是了，以后学了新的再往里加。任何事物都不是绝对的，有些动作还是要具体情况具体分析，比如：第二系列动作的脖串、腰串、抱叉肋是不是要放在一起练。从目前我的观点看是不放在一起，原因有两点：一是这三个动作太接近，很容易让观众混淆；二是一种姿势的时间太长。我建议用脖串走前踢倒是不错。抱叉肋我练得不好，目前还没有太多的考虑。把各种踢要不要放在一起练。我觉得不要，具体哪个踢在什么时候出现，还有必要进行一下探讨。

各个系列之间谁前谁后如何编排，我想同样以从简单到复杂、从容易到高难的顺序，你的动作练出来要一个比一个更精彩，一个系列比一个系列更精彩。对于不同的人，还要根据每个人的实际情况、动作的多少、熟练的程度来定。可以自己编排，也可以请教你的师父或对动作比较熟悉的同行们。动作编排好了，每天练习时可以走上几趟，有了编排后，就能够保证你的动作在表演时不重不漏。

以上所讲是大面宏观的编排。接下来，我讲一讲几个细节，对老一辈飞叉艺人传承下来的几个动作的连接方法谈一点自己的看法：由手串一个拐向改纺线、一个拐向改撇桃都是最佳办法。闫师弟一个筛糠后，用手抓住叉，从下边抡上一把，然后撇起来，很冲、很猛，让人看了眼花缭乱，着实不错。可是在继续撇下去的时候，起初的那种猛劲似乎减退了很多。我想在一个动作的全过程中应该是从慢到快，不要从快变慢，不能虎头蛇尾。我想能不能将闫师弟的第一把撇桃放在最后一把来撇，那就太漂亮了。这也只不过是我个人的看法罢了，很有可能说得不对，再说我撇桃练得并不好，真好像是关公面前耍大刀，鲁班面前弄斧头，不过古人说，知无不言，言无不尽，言者无罪，闻者足戒，有则改之，无则加勉。撇桃结束后，在没有涮档子的情况下，接后托叶连前托叶接砸麻筋是最佳办法。即使涮了档子，也免不了这样的连接吧。砸麻筋按本人的练法是弓步，砸麻筋结束后，叉顺左手背滚下的同时,收左脚并向右脚。背剑完了改筛糠是最佳的办法,很干脆。至于由哪个动作改成搓剑,我暂不做定论。纺线完了改哪个动作还需要探讨。五把轮子背对观众的问题也需要探讨。对于前人的东西要批判地继承,是站在前人的肩膀上而不是搂在前人的腰上。我们的认识态度是扬弃而不是抄袭,是高瞻远瞩而不是跟在前人的屁股后面爬行,甚至停步不前。要以实事求是、解放思想、与时俱进的方法,创新、组合、发挥、修正。

在演出中选有把握的动作练,在保证不掉叉不卡壳的情况下,能练出七八成的动作,就算你的表演十分成功了。如果你练了一个不熟练的动作,即使没有失误,也将影响人们对你全套动作的评价。练得不熟的动作尽可能不演。不过我亲耳听过铜桥马四马富春说过这样的事,有一次出去表演时,好几个平时练不好的动作,那天全上了,踢掖子平时总练不好,那天一踢就有,再踢又入上了。当你状态极好的时候,还是可以冒点险的。尤其是对那些临场发挥水平高的人。不过肖叔曾经说过这样的话,不是你练的动作难度大,你练得就好。你表演的姿势是否漂亮是非常重要的,对那些练得不熟练的动作,自然保证不了表演质量。不要因一个动作没练好影响整体动作效果。我曾看到有个人为了练一个后小踢,竟然练了六个手串做过渡,接叉的时候还有一个大转身。踢是入上了,可飞叉表演的美感荡然无存。

尽可能保持均匀的速度,要么就快,要么就慢,不要时快时慢,更不要先快后慢,更要避免掉叉和卡壳的出现。对于纺线这个动作可另当别论,当刚刚转入纺线时可以加快速度,在戏水、过腿时可以适当减慢速度。而前托叶、后托叶、砸麻筋肯定是越转越慢。有时还得具体情况具体分析,不能一概而论。

按照老一辈飞叉艺人们的惯例,出场后把所有会练的动作,按从易到难的顺序,从头到尾全部练完。我不否认这种练法。不过如果你的小活很多,这样做会把观众弄得不耐烦。如果很想充分展示一下你所有的动作,不妨来几个起伏。开场不久来几个精彩大活,中间练些小活,然后再练个大的,也许能有一个出乎意料的效果。还有你最好能编出几套演出方案。我想如果是个有经验的表演者,你至少要有两套方案,保留部分动作。当只有你一个人表演,受到大家的欢迎,请你再来一个的时候,你不可能把刚才的动作重练一遍吧,是不是要找一些第一次没有练过的动作练呀。

演出时哪个动作该练几次,我觉得也有必要说明一下,像叉套子、轧膀等转身动作,以人转一周回到原位为宜,需要注意的是怎样调整好步子的大小,正好结束的时候面对观众。单打、过桥、戏水每个不要超过六次。三个动作完了就是十八次,已经不少了。一个人单独表演时,可以单打、过桥时多一两个,戏水时少一两个。在几个人配合演出时一定要按规定的数量练。以一个人为标准，作为莲花翅来说，如果没有拉荷叶、洒荷叶的情况下，以六至八次为好，如果连接拉荷叶、洒荷叶，莲花翅就要适当减少所练的次数。我自己练时是这么安排的，四个莲花翅接三个拉荷叶、洒荷叶，三个出腿收腿的莲花翅，一个大莲花翅。这样抛和接的次数是十四次。小挥翅、云里翻以三个为宜。要知道表演场不是教练场，自己练习时练多少次也没关系，在表演场上你一个动作练得太多，观众就会看得不耐烦。尤其是花会比赛的时候，一个动作练得太多，即使你这个动作练得很漂亮、很熟练，评委会看烦了，是不会给好成绩的。我记得有一次其他队的演员，就一次连续打了十六个莲花翅。要知道观众不是检验你一个高难动作能练多少次，你有多么深的功底，他想看到的是你花样不断翻新。再好吃的东西吃多了也就不香了。在同行切磋的时候，你可以表现一下你的功底。

关于动作要练得大点好还是小点好的问题，我也有个看法，从前总是强调把叉的花练得又低又密。这样是显得速度快，的确练大了花的密度就会减少，我觉得对于不同的动作还是要加以区分，有的动作你练得太小，人就显得不够舒展。我想不能单单是练叉而且还要练人。总之还是要大小得当，不是越小越好。

关于你的动作练得柔一点还是刚一点的问题，我是这么看的，不管你是将叉踢起还是扔起，都要很干脆，让人看了有一种"唰"的感觉，不能拖泥带水，接的时候要平稳柔韧，你扔的速度与高度要合适，才能保证接叉的平稳程度。作为高手来说，偶尔扔得不太合适（劲大了或小了），落到身上，你也应该能将叉的速度控制到最佳状态。叉出手的时候要刚劲有力，入手的时候要稳中带柔，越是难度大的动作接时越要稳。像叉套子、金掏、轧膀这样的动作尽可能往快了练。也就是说容易练快了的动作，你要往慢了练，不容易练快了的动作，你要往快了练。简单的动作练得漂亮一点，高难的动作练得稳一点。这也只不过是针对我们的练法而言，白洋淀的飞叉王屈国立和小郑任何动作都能练得很快，确实代表了白洋淀地区的风格，值得好好研究一下，用会长姜利甫的话说这才叫飞叉啊！

出去表演时，场地的大小、地面的平整程度、光线的强弱，都是有所不同的，在不适应的场地表演，总会影响到水平的发挥。练习场可以选择，表演场是你所不能选择的。我建议在练习的时候不要总在一个地方，要适应各种条件和环境，才能在各种表演中充分发挥水平。这也只不过是我的观点，我就很佩服闫师弟，人家就不论什么场合，都能发挥得挺好。不知道平时他都在什么地方练的，也可能他很具备临场发挥的能力吧。人与人之间确实存在着很多差异。相同是相对的，不同才是绝对的。在没有意识到我说的这些因素时，就能练得这么好，我想他要是想到了这些因素，水平会发挥得更好。也有可能他早已在多年的演出中，将这些东西有意无意地印在了脑海里。

把随意的东西转化成有意识的东西。多一点人为的进步，将自然的进步转变成人为的进步。什么是自然的进步，就是你每个动作练的次数多了，自然就熟练了。什么又是人为的进步，那就是在你动作熟练了的基础上，有意识地去纠正你的姿势，去掉多余的动作，把不用的手臂放在最适当的地方。多余的动作包括：过多的过渡、不该迈的步子、不该有的面部表情。例如，在练轧膀、脖串、前踢、敞踢时，都需要用筛糠来过渡，你要设法只用一个筛糠就能过渡到上述动作才行。不要每个动作完成后，都用筛糠去调整。你的每一个举动都应该是由大脑所支配的行动，不是随意的行动。如果出现了随意的行动，那就是你出现了多余的动作。脚的不规则移动、腿、身体的晃动，不自然的表情，都属于多余的动作。这种要求对于初学者来说，简直是太高，我想初学者首先应有这种意识，按照这个目标去努力，现在做不到不要紧，将来就有可能做得到，如果你连这个意识都没有，那么你永远也做不到。有句话说得好："没有做不到，只有想不到。"

一个动作练到什么程度算是过关了，尤其那些难度较大的动作，我认为那就是不分时间和地点、没有通过热身、没有任何准备的情况下，就能够很好地完成动作。做到叉随人意，不能人追叉跑。我在每天的练习中，开始时总是愿意先练那些不好练的动作，你想如果你在没热身的情况下，能把它完成好，那么你要是热过身后练，就更没问题了吧。

作为基础动作（筛糠、手串、挑翅）的手串、挑翅是基础中的基础，几乎没有一个动作的开始和结束不通过它来过渡。基础动作练到什么程度叫过关了，我觉得这个动作，在保证美观的情况下，能够顺畅连接到你需要转入的动作，再者一个高难动作完成后，平稳地将叉控制住，很顺利地转入下一个动作，就算你的基础动作过关了。更进一步说，飞叉是一种艺术，不论是基础动作，还是普通动作，以及高难度动作，都要把飞叉练出美感，让观众看了是一种享受，让观众觉得有惊无险。不能让别人看了很害怕，更不能让观众替你担心。我认为还有一个检验你动作好坏的标准：如果你总是看别人的动作练得好，那就是你练得不好；如果你看到别人练得也很一般了的时候，那就是你的动作练好了。这也和写字一样，你总是看着别人的字漂亮，说明你的字写得不好；当你看别人的字也不怎么样了的时候，就说明你的字写好了。

在学新动作时不能只是傻练，你得琢磨它、试验它，这样不行就换个方式，吃头了上不上，就吃杆试试。而且要多看别人是怎么练的，听取高手的建议，去领悟其中的奥妙。一个动作只学会了，是远远不够的，需要反复练习，从姿势到熟练程度需要你努力打造，才能达到一定的效果，俗话说熟能生巧。就莲花翅这一动作，我有一天上午就足足练三十多遍。我总这样想，当你觉得某一件事物无所谓的时候，那是因为你对这一事物不了解，如果你钻进去了，你会觉得哪一行都是奥妙无穷的。不通过努力是不可能有成绩的。既然进了这行，你就要设法把它做得好一点。于师弟也曾和我讲过他的一些体会，练习中不能怕苦，要专心，有些人特别想练飞叉，可在练习中，一旦吃了苦头就放弃了。飞叉让外行看来并不难，可实际学起来确实很难。它不是一学就会的，需要你在能吃苦的前提下，还要听师父的教导，背后下功夫。于师弟还说每当练完飞叉回到家里，经常在吃饭睡觉时还在回想着一天所练的动作，有时睡下了，还要起来在屋里拿起叉来比画比画。

有人提出，如果你在演出的时候，哪一个动作没练好，可以随机应变改练别的动作，我对此观点首先予以肯定。这在万不得已的情况下是可以采取的办法，总比把叉掉在地上好，但不能把它当作一个套路。如果你有一个成套动作的组合，多次出现这样应变，你是不可能把一个完整的组合完成好的。这样就像一张美丽的图画上多了几个墨点，一盘美味中扒出几个蟑螂。总之你的全套动作的组合就会显得不完美。

当你具备一定实力后，在有条件的情况下，要多和不同地区的爱好者们交流。有人讲外边的动作不能学，学了就会失去"京叉"的特色和本来面貌，这种想法有它的道理，但是我觉得还是要博采众长，在学别人的动作的同时，要保持自己的风格。不能生搬硬套，不要一味模仿别人，能够将别人的动作学会，变成自己风格的动作。毛主席不是曾说过要"古为今用，洋为中用"吗？目前飞叉的动作是逐渐减少的趋势，老一代练叉人的动作没有完全继承下来，你想创新也是很难的，我觉得能够借鉴一下其他地区的动作来丰富我们的动作有什么不可以呢，但要经过一个"去粗取精，去伪存真，由此及彼，由表及里"的过程，有选择地学。与其他地区飞叉爱好者交流时，本着一种谦虚谨慎的态度，多看、多听、多肯定别人的优点。不以比试的观点和态度出现，如果你的招数好，自然会得到别人的肯定。不以贬低别人而抬高自己，贬低别人，也是抬高不了你自己的。以实际动作说话。一个人不可能把所有的动作都学会，当然会的动作越多越好，但要在保证质量的基础上多，不是你会的动作多，你就练好了。你的水平再高，你的动作再多，你也有不会的动作，有不适合你练的动作，有你永远也学不会的动作。不管你多么有阅历，不论你多么博大精深，一定有你还没见过的、没听说过的动作。这就是你需要谦虚的所在。你练得好坏，只是相对周围几个人而言，没有绝对的高手。你的高低让别人去评，不要自我标榜。

其他地区的练法和我们的练法是有一些不同，这种差异是正常的，语言发音都不一样，怎么可能一切都一样呢。这种不同有着它不同的渊源，要说谁的对，谁的错，这样的观点十分错误。我认为都是对的，只是在风格上有些差异罢了。练的都一样，那是不可能的。如果都一样了，那倒显得不丰富多彩了。你看过"浦江飞叉"吗？如果你也是一个练叉的，看过"浦江飞叉"后一定会有想法。不管你怎么看待它，最终你应该认识到，这种练法也能流传至今，人家也能组织起一帮人，而且达到了强身健体的目的，也有一些人热衷于它。这就足以说明它是有生命力的一种运动。对人家品头论足，甚至加以批驳，把人家说得一无是处，这样是不对的。不是因为你批判了别人，你的水平就提高了，它也绝不会因为你的批判而消亡。有想法、有观点没错，最后是看你如何定论一件事物。还有看了确实是高手的表演（尤其专业演员）更应该虚心，好的东西一定是好的，不要以各种理由说三道四。应尽自己所能将别人好的东西变成自己的，实在学不会，不要气馁，也不要一味地盲目崇拜别人。要相信在你的动作中，一定也有他们不会练的。你一定也有长处，你一定也有发光点。

　　由于地区的差异，各种动作的产生和发展的环境不同，一些相同动作的叫法也各有不同。首先要尊重别人的叫法，其次要适应别人的叫法。我认为通过千百年来的变迁，一个名字能够流传至今，就说明一定有着它的道理，有着它的生命力所在。你仔细琢磨一下，哪一种叫法都很有道理的。就单筛糠这个动作而言，我们叫单筛糠，白洋淀飞叉王屈国立的父亲屈老先生告诉我叫掉余，我听大兴李修杰叫它捞荷叶，我听父亲讲城里花生店大爷武殿元他们叫它摆弄杆。据我估计这个动作的名字，还不只是这四个。接背脊这个动作也是如此，城里叫掉金背，房村叫背背花，我们叫接背脊，还是那句话，没有谁对谁错的问题，都是对的。总结起来，收集多了，这就是飞叉丰富文化中的一部分。了解得越多，以后和其他地区的飞叉爱好者交流就越容易。

　　我倒是觉得值得注意的是，同一个地区、同一个派系出来的弟子们，把同一个动作的名称搞成了好几个。比如莲花翅这个动作，有人把它叫成连环翅、连摩翅，更有甚者把它写成了"连啵承儿"，不能说它就不对，我只想听一听他这个"连啵承儿"的含义，我是百思不得其解，想来想去我觉着，倒是有点外文音译的味道。如果不是看到莲花翅视频的旁边写着"连啵承儿"的话，我怎么也不能把这个名字与莲花翅联系起来。至于莲花翅是不是就正确，确实也没有文字的记载。不过因为有了拉荷叶、洒荷叶，使我确信莲花翅这个名字的正确。现实中的莲花、荷叶是连在一起的吧。飞叉中的莲花、荷叶也是连在一起的。再仔细想一想莲花翅、拉荷叶、洒荷叶的名称有多么形象，这也充分表明了，我们的前辈们，在给飞叉动作命名时的高明所在。他们不仅仅是创造性发明了飞叉动作，还非常形象地给它起了美好而恰如其分的名称。目前在我提到的这些名称中，不免有用字或发音不当的，如：小挥翅这个动作，是叫小挥翅得当一点，还是小回翅更为合理，是云罗翻还是云里翻，跥踢是用这个"跥"字，还是用这"垛"字，还是叫它"多踢"。吊掖子是不是该用这个"掉"字。有个叫"掉余"的动作，我说不好用哪两个字，但我认为绝对不会是"钓鱼"。还希望飞叉名家和爱好者们指点，如果有可能的话，我觉得有必要对京城内外飞叉动作的叫法与马永泰、王文生、肖叔、赵伯贞、李永才这样的人交换一下看法。争取在我们这一代练叉人的共同努力下，给下一代能够留下一些正确的文字性材料，尽可能不要在同一门派中对同一动作出现不一样的叫法。

有一次我和师弟们在一起看别人的练叉的录像，边看边对录像中的动作做点评。这时一个师弟说，录像中这个人后小踢很难看，学他干嘛呀。可我是这么看的，我认为某个人、某个动作练得不好，这不能说这个动作就不好，只能说这个人没把这个动作练好。说不定另一个人把这个动作练出来，效果就不一样了。就连手串、筛糠、挑翅这样的基础动作也有人练得不好看嘛。还曾有人跟我说前托叶、后托叶和砸麻筋这三个动作，不算什么玩意儿，他说没怎么学就会了，没什么看头。当时我说，并不是这些动作不好，是我们没有把这些动作练好。每个人有自己观点和想法这很好，你把观点讲出来通过大家的讨论，即使达不到共识，也能达到开拓思路的目的。

关于双头叉该怎么练，我没有太多的发言权，虽说动作都是一样的，但我用双头叉练起来，总觉得别扭。我也曾向白洋淀的飞叉王屈国立请教过，他曾告诉我就是换劲，可到现在，我还没有真正领悟出来，这个劲到底该怎么一个换法。我从视频录像中看到他的双头飞叉着实不错，动作多、速度快、动作连接顺畅、前后顺序编排得当。我想不通过专门练习，是不可能达到这种境界的。他对双头叉的认识肯定比我深刻得多。看来还得通过实践，才能领悟到这个换劲的真正含义。目前我只感觉到一点，那就是叉的重心变化。单叉的重心，大体在叉头下边三分之一的位置，可双头叉的重心是在二分之一的位置，也就是中间位置。单头叉是要在叉的重心位置练，可双头叉多数动作，并不是练叉的中心点。练惯了单头叉，很不容易马上就适应双头叉的重心变化，我想只有专门使用双头叉，练习一段时间才行。没有通过专门练习，是不可能拿起来就能出去表演的。

网络中的飞叉视频看了不少，仰山张宪、人文大学张少侠、红领巾公园张修芳，他们的练法是京城飞叉进行了舞台加工，和我们的练法是大同小异。而胡正文的练法和我们是有同有异，手串用手背、不用反手串，这是共同点。可是搓剑、抱叉肋、托叶又各不相同。我一直想知道胡正文是哪里人，我想对他动作出处有所了解。这样对我们研究飞叉一定会有积极作用。我从网上经常看白洋淀飞叉王屈国立的视频，从QQ上聊了几次，后来又有过两次交往，这个人平时话并不多，但谈起飞叉来很有见解。飞叉练得很有特点，而且在他的动作中，有不少我从来没有看到过的动作。虽技艺高但不骄不躁，待人热情。记得我们第二次见面的时候，那天他特别忙，不但要进行飞叉表演，而且还在其他节目中充当角色，即使这样，他还是在百忙中热情招待了我们，给我们联系往返船只，领我们上岛，演出的空闲走出有五百多米找我们聊天交流。我想对屈国立的练法有更深的了解。上次见面时我说看一下他同伴们的录像，这次和他见面时他叫了同伴小郑，小郑是郑怀贤的孙子。我看完小郑的飞叉后，觉得屈国立和小郑的练法是吻合的，也就是说屈国立代表着白洋淀地区的风格。他们练叉的速度之快和花的密度确实让我望尘莫及，就连我们这里练得最快的闫师弟，也不得不承认人家的速度。屈国立不但叉练得好，人品也是非常不错的。说起来我们之间的练法差异应该说是最大，但这一点丝毫不影响我们之间的交流，目前交流的时间短、深度还很不够，但我能深深感受到屈国立练叉所下的功夫有多大。

我想每一位高手，对自己会练的动作，在大脑里会有一个模式。当你看到别人的动作与你的动作不相同时，总是觉着有点"别扭"，尤其是和外界交流时。我想对于动作的不同之处，你需要好好琢磨一下，先不要定论，和同伴们进行探讨，看一看不同在什么地方，有没有值得借鉴的东西，有些东西确实需要一个认识过程。你看他的练法不习惯，他看你也是如此。这里不存在谁对谁错的问题。从没有人把你的练法，定为"国家标准"。你要是第一次看到陌生人练叉，觉得很好，那可能是你的练法和他的比较接近而已，要么就是人家的技艺比你高得多。练法差距越大，就越不容易沟通。人的阅历不同，看问题的角度不同，对同一问题会出现很多种看法，这是正常的，哪个人看问题，都可能有偏见，也可能有偏差，包括我在内。但是我相信好的东西，最终还是会得到大家的认可。观点一定要有，即使是错误的观点，你说出来，也会对飞叉的提高起到积极作用，有争论才有提高，千万不能把自己的观点隐藏起来。

认识上的相同往往也是从不同开始的。当你需要让更多的人接受你的观点时，你应该采取一些方式，不能将自己的观点强加给别人，即使你的观点正确，大家对此也需要有一个认识的过程。例如：我和于师弟配合挑翅，有个同时向左蹦的动作，开始我俩只知道往左蹦，闫师弟看完后提出："你们跳过去，再跳回来。"起初我是存在着不同看法，觉得往回跳能行得通吗？当时是抱着试一下的态度，于师弟又配合得好，结果不但成功了而且效果特好。如果不是他提这个建议，我是不会想到能往回跳的。还有练莲花翅时用大莲花翅做结尾，我也曾想过这样练但没有实施。他提出后我这么做了，效果确实不错。如果他不说，我可能到现在还只是一个想法而已。有时需要突发奇想。只要你的设想，符合人体的能力和叉的运行规律，就可能成功，就有试一试的价值。可能一次不行，反复多次就行了。别人有了设想，千万不能一口否认，大家要顺着他的思路想下去、做下去，就有可能创出新动作。

创新有多种，我认为闫师弟的建议也是一种创新。看到别人的创新，你要以一种积极态度对待。事物有一个发生发展的过程，人们对它也需要一个认识的过程。刚出现的东西肯定会不成熟，不能用老观点看待新事物。通过观察、分析、研究，再说出你的观点，不要急于下定论。不能扼杀新事物，有不同看法要说出你的理由。如果你是个权威人物，更要深思熟虑，如果总是说一些离谱的话，那别人对你的信任将大打折扣。别人向你请教或需要你提出建议的时候,一定要听清对方所要求你回答的问题,想好了再答不迟,不能别人刚讲一半你便插话。在你还没有听明白别人的话时,就能把问题回答清楚那真是神了。

接下来,说一下我对做叉的一点看法。首先得好使,其次才是好看和叉盘的响声。你的叉做得再好看,练不出玩意儿那只能算个装饰品。怎样才能让叉好使呢?我认为在叉重最适合的情况下,尽量把叉做得小一点,铁的部分小一些,才不容易伤到自己,练起来有安全感。我认为叉外侧两齿相距最远的地方宽度最好不超过180毫米,总高度不超过290毫米。安叉盘的听(也可以叫"挺"或"脖""颈",叉头与叉库的连接部分)高度不超过40毫米。叉盘的重量要远远小于叉的重量,叉盘的眼(孔)与听的粗细要合适,不要旷量太大,能够保证叉盘在听上顺利滑动即可。叉盘的重量和叉盘旷量过大,练起来叉杆会有跳动不稳的感觉。一般情况下叉的总重量不超0.75千克。有时根据每个人的不同习惯可以适当增加或减轻重量。为了能够使叉与杆安得更牢固,叉库的扫度(指叉库上细下粗)不易过大,在保证其美观的情况下,尽可能直一点,安起来才结实,不易活动。叉库的高度不能少于70毫米,做叉的板材厚度为2毫米,材料以尽量坚硬不易弯曲、不易生锈为好。对于做叉的要求,上述所讲只作为参考,个人习惯也是很重要的,我去白洋淀与飞叉王屈国立交流时看到,人家的叉就做得比我们的大得多,杆也粗得多,可是人家并不觉得不好使。

叉杆的选材,一般要找那些比较容易取得的木料,但一定要选择结实耐用、纹路细腻、不易弯曲、轻重适宜的,太轻和过重的均不好使。本人对两种木头是情有独钟的,那就是色木和红榉木。不少人采用柞木、水曲柳、榆木、菲律宾木。柞木、水曲柳、榆木的结实程度和纹路都没问题,可我认为这三种木料比较容易弯曲变形。菲律宾木种类很多,我不好一个个说清楚。有些木头虽然不易弯曲,但结实程度不够或重量不合适,也不适合做叉杆。现在不少练叉的都喜欢把杆上缠布,如果用做缠布的叉杆,在这里我推荐一种木头大家看是否好用,那就是黄花松。这种木头十分结实,缺点是纹路粗一点,如果用做缠布的杆是没有问题的。任何事物都不是绝对的,有人用柞木、水曲柳、榆木做的叉杆,就用了很多年也没有弯曲变形。同一种木头的木质也是不完全一样。就是同一棵树不同位置的木质也是有所不同的。靠近皮和靠近芯的地方都不理想,二层标的木质最好。我想树根部的木质和中间部位及顶部木质也是有区别的。因为叉的好使程度,直接影响到你飞叉水平的发挥。没有一个好使的叉是绝对不行的,所以我有必要说明一下这个问题。不知我的观点有无可以借鉴的价值,不当之处还请各位予以指正。

理论来源于实践,没有实践就不可能有理论。什么是实践?实践就是你亲自动手,去参与某一件具体事物。什么是理论?理论就是你把所参与的那个具体事物,用文字描述或记录下来,加以分析,再把你对这一事物的正确观点和认识用文字叙述出来。不过正确的理论，还要经历"实践—认识—再实践—再认识"的过程。理论的最终目的是要为实践服务，如果把你的认识写出来，飞叉爱好者们看了能起到指导和帮助作用，那说明你的认识是正确的。实践是检验真理的唯一标准，也是检验认识是否正确的标准。

参考文献

[1] 隋少甫，王作楫. 京都香会话春秋[M]. 北京：燕山出版社，2004.

[2] 温佐惠. 飞叉——郑怀贤武学丛书[M]. 北京：人民体育出版社，2012.

[3] 高巍. 幡鼓齐动十三档[M]. 北京：北京美术摄影出版社，2015.

[4] 孙庆忠. 妙峰山：民间文化的记忆与传承[M]. 北京：知识产权出版社，2011.

[5] 杨闪闪. 庙会传承研究综述（2005—2019年）[J]. 中国民族博览，2021，（9）.

[6] 姜芷若，王君卓. 对传统杂技类非物质文化遗产传承与发展的思考——以北京丰台区三路居新善吉庆开路会为例[J]. 北京联合大学学报，2021，35（1）.

[7] 张英洪，王丽红. 撤村建居、农民财产权与新型集体经济——基于北京市丰台区卢沟桥乡三路居村的调查与思考[J]. 北京农业职业学院学报，2019，33（6）.

[8] 李华伟. 朝向日常生活的妙峰山研究：二十年来妙峰山庙会研究的回顾与反思[J]. 民间文化论坛，2017，（6）.

[9] 萧萍. 庙会与花会两种文化空间的转换——妙峰山进香花会的当代存续研究[J]. 音乐研究，2017，（6）.

[10] 吴昆，刘颖. 天桥纪实（五）天桥的十大武将[J]. 北京纪事，2017，（11）.

[11] 李永明，栗胜夫，崔乐泉. 叉的源流与发展[J]. 搏击（武术科学），2015，12（2）.

[12] 吴效群. 建构象征的"紫禁城"——近代北京民间香会妙峰山行香走会主题之一[J]. 民俗研究，2005，（1）.

[13] 朱赤. 王清源谈《耍飞叉》[J]. 杂技与魔术，1994，（6）.

后记

叉飞路开，清脆的响声，惊险的动作，是开路飞叉留在许多人童年里的一段美好回忆。说起来，与飞叉结缘确实有些偶然，这还要从北京联合大学的一位学生谈起。赵智力是北京联合大学一名优秀的学生干部，他毕业多年后，回到母校来看望老师。在聊天中，我们才知道他竟然是一位深藏不露的非物质文化遗产的传承人。他学叉、练叉的故事深深吸引了我们，特别是当他提到，姥爷嘱咐他既要传承好飞叉，又绝对不能靠它卖艺赚钱的时候，更加让我们觉得惊讶。在商品经济大潮的冲击下，竟然会有人不愿意把独门的手艺变成盈利的工具。当我们有幸第一次见到飞叉表演的时候，更被震撼到了，钢叉在他们手中仿佛变成了一条有生命的银龙，在身上上下翻腾，同时叉上的一对小镲伴随着叉的滚动发出了清脆悦耳的声音，更使我们对飞叉产生了浓厚的兴趣。

可惜我们身体协调性不太好，缺少学习飞叉的天赋，但这阻止不了我们深入了解飞叉的热情。在北京联合大学北京学研究基地的科研项目的支持下，我们三位同样对传统民俗文化感兴趣的老师，抱着试试看的心态，开始了对飞叉较为深入的探究。我们一边查阅文献资料，一边与飞叉传人一起探讨研究。在与姜桂海老人、姜利甫、姜立中等前辈的接触中，我们更加深入地了解"三路居新善吉庆开路老会"的发展历程，理解了他们三代人70多年的坚守，明白了支撑他们的不仅仅是那份对飞叉的热爱，更是对三路居街坊邻居的情谊。渐渐地，我们懂了，姜桂海老人叮嘱晚辈不许拿这项技艺赚钱，就是怕他们因为赚钱而忘掉了那份"初心"。

在感动之余，我们也发现，离开了原本的文化土壤，走在柏油马路练飞叉的"三路居新善吉庆开路老会"，未来的发展却越来越艰难。如今80多岁的姜桂海老人，虽然还可以健步如飞地表演飞叉，但是缺乏新生力量却成为阻碍他们可持续发展的最大障碍。虽然我们无法阻止经济社会前进的脚步，但是我们可以加速适应新时代。编写这本书的过程，也是我们努力思考和实践的过程。一边加速整理现存的资料，一边尝试着通过申请飞叉专利、走进校园、积极筹备申请市级非物质文化遗产等方式，让更多的人能够了解飞叉和"三路居新善吉庆开路老会"。

在本书的编写过程中，离不开许多人的支持和帮助。"姜氏家族"及三路居开路会所有成员的辛勤付出和准确有效地提供资料素材，是本书编写的重要保障和基础。北京联合大学的张有老师在对"三路居新善吉庆开路老会"传承脉络的梳理，以及武场动作的整理上倾注了大量的时间和精力。来自北京上德大象肖像馆的摄影团队刘星驰、赵蕾、李焕儿、吴云胜、韦俐辰、刘铭几位摄影师不辞辛苦，多次跟踪拍摄。在写作过程中，我们也研究和借鉴了许多专家学者的成果，在这里一并表示诚挚的谢意。本书的顺利出版还离不开北京联合大学艺术学院长期对非物质文化遗产保护研究的重视和支持。正是在大家的共同努力下，飞叉和越来越多的非物质文化遗产项目得到了有效的保护，并以此为契机焕发了新的活力。

书稿总有完结之时，可是写到这里，我们依然心潮澎湃。钱穆先生在《国史大纲》写到，"惟知之深，故爱之切。若一民族对其已往历史无所了知，此必为无文化之民族。此民族中之分子，对其民族，必无甚深之爱，必不能为其民族真奋斗而牺牲，此民族终将无争存于并世之力量"。非物质文化遗产是我们民族的血脉、民族的根，是中华民族世代相传的文化财富，更是人们的精神资源和生活需求。虽然，对于大多数非物质文化遗产来说，它们已经不能再现先前的风光盛世，但其中的特殊技艺、多重价值、内涵意义等方面都值得我们去研究与保护。希望它们不仅仅是传承人手中的技艺，更要成为中华儿女共同的"记忆"。